길 위에서 만나다

길 위에서 만나라

장 정 혜 지음

홍 익 출 판 사

우리는 여행을 가기위해 사전 조사를 하고, 준비물을 챙기지만 어느 한순간 예정했던 길이 모래바람에 의해 사라지고, 막막한 들판에 서 있는 자신을 발견하게 될 때가 있다. 짐을 잃어버리고 나침판마저 가져오지 않아 방향을 잃고 당황한다. 그러나 바로 그 순간이 새로운 모험의 축복이 내려진 시간일지도 모른다. 그러니 새로운 등불을 의지하여, 자신의 길을 찾아야 하는 것이다. 아침이 되어도 나는 어디에 있는지 모른다. 정오의 태양 아래에서도 어느 만큼 왔는지 모른다. 붉은 노을이 지고, 부드러운 침묵이 찾아와도, 오늘밤 몸을 뉘울 오두막 하나 찾지 못할지도 모른다. 그때 광활한 하늘은 천개의 눈을 뜨며, 우주의 먼 과거로부터 날아온 가냘픈 빛의 별들이 우리가 가고 있는 방향을 가르쳐주게 되리라. 여행은 이러한 우연의 발견과 함께 운명을 직조해나간다. 내가 그 밤에 본 별들은 아마도 길 위의 여행자들, 낯선 도시에 살고 있던 나와 다르지만, 나와 닮아있었던 사람들이 아닌가 한다. 그러므로 이 여행기는 내가 아닌 다른 사람들에게 빚진 바가 많다. 그들이 웃어주지 않았다면, 나는 아무 이야기도 할 수 없었고 들을 수 없었으리라. 무엇보다 치기어린 10년 전의 나를 친구로 삼아준 여행자들과 찬란한 빛을 베푼 인도와 티베트의 문명에 감사한다.

차례

1. 말하라, 그대는 무엇을 보았는가.

20代의 대부분을 길 위에서 보냈다.
그리고 집으로 돌아온 한동안, 나는 공책 위에 무질서하게 붙어있는 사진들을 보며, 여행 중 그적거린 낙서와 스케치를 보며, 길 위에서 만난 사람들의 주소와 이름들을 보며 여행이 끝난 것을 무감각하게 받아들였다. 오랫동안 자리를 비운 사이 나의 안부를 궁금해 하던 친구들이 "인도는 어땠니?"하고 물을 때마다 나는 말재간 없는 퉁명한 목소리로 '좋았어.'라는 단음절을 내뱉으며 웃을 뿐이었다. 그건 아마도 여행이 아직 끝나지 않기를 바라던 방어본능이었을까?
이제 돌아온 지도 한 달이 지난 시점에서, 나는 다시 가슴이 아려오는 것을 느낀다.
다만 회상만이 가능한 과거.
다만 기억만이 가능한 거리.
안녕이라는 말로 길에 두곤 온 사람들.
나 자신과 마주쳤던 수많은 밤과 낮들.
이 모든 것을 기록해야겠다는 생각에 나는 자다 말고 일어나곤 한다.
그리하여 이제 누군가의 말을 기억하고 인용한다.

말하라, 그대는 무엇을 보았는가.
----- 보들레르 -----

2. 그리고 나는 하늘을 날았다.

비행기 안은 어두웠다. 그리고 기내는 한산했다. 대부분의 승객이 인도인, 그리고 한국인. 한국에서는 눈 씻고 찾아봐도 눈에 안 띄던 인도사람이 이렇게 많이 있다니… 새삼 놀라움.

그러나 아직 시즌이 아니어서인지 나의 옆자리는 텅텅 비어 있었다. 발 뻗고 잘 수 있겠구나… 그때였다. 내 오른편 앞에 앉아있는 두 명의 한국인 여행자들이 눈에 띄었다. 한 명은 카우보이모자를 쓰고 한 명은 물들인 금발머리, 나이는 한 20대 중반 내지 초반, 건장한 대한민국 남학생들이었다. 이들은 시간이 아깝다는 듯이 기내에서 열심히 가이드북을 보며 인도 델리에 도착하면 어디에 묵을 것인가, 즉 어느 호텔이 가장 싼가, 무엇을 먹을 수 있을 것인가, 공항에서 델리 중심부까지는 어떻게 이동 가능한가를 예습에 예습을 거듭하고 있었다. 때마침 그 뒷자리에 앉은 인도인이 한국말이 유창해서 그들은 그 주제로 끊임없이 토론을 하고 있는 것이었다.

"인도에서 어디가 젤 좋아요?"

"저희는 여행 루트가 이렇게 되거든요. 델리에서 며칠, 그 다음에 아그라, 바라나시, 부드가야…"

"사기 치는 사람들이 많다는데 많이 위험한가여?"

좀 더 디테일하게는

"달러는 아무래도 암거래가 환율이 좋겠죠? 공항 은행이 환율이 젤 떨어진다는데… 한 20불만 바꿔서 들어가고 내일…"

그러나 난 그렇게 예습하는 그들이 귀여웠다.

심심한 탓도 있고, 난 그들이 조잘대는 소리를 듣고 있었다. 그러나 뭐랄까, 이번 여행은 좀 무심해진 면이 있다랄까. 에라, 모르겠다. 도착하면 어떻게 되겠지. 하는 심사로 나는 이번 기내식사는 닭고기를 시키는 것이 좋을까 쇠고기를 시키는 것이 좋을까 하는 고민에 봉착했다.

인디라 간디 공항.

아시아나 항공에서 델리 공항으로 떨어졌을 때가 밤 12시 즈음… 밖으로 나가니 새까만 얼굴의 인도인들이 모여 있었다. 음… 한 20불을 환전하면서도… 그제서야 내가 인도에 도착했다는 것을 실감할 수 있었다. 갑자기 걱정이 몰려왔다. 인도에서 밤에 혼자 택시 타는 것은 쥐약이라던데… 특히 여행자라면… 그들은 두둑한 달러를 노리지 않을까, 게다가 나의 미모까지 가세하면… 이런 쓸데 있는 고민에 빠져 있을 때 뒤에 서 있던 카우보이모자가 내게 말을 걸기 시작했다.

"혹시 한국 분이세요."

당근이지.

"혼자 오셨어요?"

"얍!"

"그러면 저희와 함께 시내로 들어가면 되겠네."

"탱큐!"

이렇게 간단하게 문제가 해결된 것이다. 게다가 가야라는 이름의 한국어와 영어, 인도 방언에 능통한 현지인까지 덤으로…. 공항 밖은 습기 있는 어둠이 몰려와 있었다. 흰 옷을 입은 인도인 운전사가 눈을 빛내며 우리들의 짐을 싣고 있었다.

3. 호텔 스위트 드림

우리와 함께 델리 시내까지 들어온 가야는 밤기차를 타고 부드가야로 가야한다고 했다. 부드가야에 오면 한국인 절에서 자기를 찾으라며 가야는 그렇게 손을 흔들고 사라졌다. 델리 역사 앞에는 맨바닥에 널브러져 잠을 청하는 인도인들이 발에 밟힐 정도로 많았다. 이들은 가야처럼 밤기차를 기다리는 것일까, 아니면 서울역의 노숙자처럼 집 없는 사람들일까? 흰 천 사이로 드러난 앙상한 발목과 움푹 패인 눈자위가 피곤함을 느끼게 했다. 가이드북이 일러주는 대로 우리는 숙소를 찾아 파르간지를 헤맸고 겨우 물어물어 인도에서의 첫 여장을 푸는 게스트 하우스를 찾아냈다.

호텔 스위트 드림. 가격 220루피… 괜찮지 않니?

세 명 다 일단 오케이였다.

난 무엇보다 이름이 맘에 들었다.

스위트 드림이라…….

인생은 여행이다. 행복한 꿈을 꾸기를

왠지 인도에서의 꿈을 꿀 수 있을 것 같은 무난한 출발이었다.

꿈은 바로 우리가 생각하는 것이다.

침대에 누워 천정을 바라보았다.

선풍기가 서서히 돌아가고 있었다.

옆방에 투숙한 지환과 창덕이 떠드는 소리가 들려왔다.

“누나, 오렌지 먹을래요?”

“음….”

그러자 갑자기 천정에서 오렌지 2개가 떨어졌다.

배관 파이프 같은 것이 천정에 연결되어 있었던 것이다.

“와… 죽이는데… 탱큐!”

“누나, 잠 안 와요?”

“음….” “그럼 잠자요!”

"음··· 그럴 거야···."

"좋은 꿈 꿔요!"

"음···, 너두···."

그렇게 침대에 누워있었지만 잠이 오지 않았다.

새로운 환경에의 설렘 같은 거랄까, 아니면 한국에서 올 때 마무리 짓지 못한 일에 대한 죄책감 때문일까.

돌이켜보니 2000년이 겨우 6개월 남짓 흘렀을 뿐인데 내겐 참 여러 가지 일이 있었다.

학교도 졸업하고, 직장도 들어가고, 그만두고 다시 또 들어가고, 또 그만 두고···.

그중에는 인도에 관해 글을 쓰느라고 한 달을 개긴 것도 포함되어있었지···. 실은 여행기나 가이드북에서 얻은 정보가 다였지만 그것을 바탕으로 무엇인가 끄적여 본 적이 있었다. 제목은 '버드랜드'. 뉴욕에 사는 포토그래퍼와 한국에 사는 건축학과 여학생이 우연히 인도로 여행 와서 서로 만나게 된다는 로드무비 형식의 글이었다. 나는 그 글이 얼마만큼 현실성이 있을 지 알 수 없었다. 그러나 결국 꿈은 당신이 생각하고 있는 것이기 일쑤다. 나는 내가 썼던 글처럼 무작정 인도로 왔고 이렇게 황망한 밤을 인도에서 보내고 있는 것이었다. 천장에서 떨어진 오렌지를 까먹으며 나는 초현실적인 기분에 젖어 들어갔다.

4. 지환과 창덕

카우보이모자를 쓴 지환과 금발머리의 창덕은 여러모로 보나 대조가 되었다. 지환은 부산에서 조각을 전공하고 지금은 방송국에서 아르바이트로 세트를 제작하고 있다고 했다. 창덕은 갓 20살로, 군대 가기 전 세상을 보고 싶어 첫 여행을 나왔다고 했다.

둘 다 혈기왕성한 부산 머시마들이었다.

문제는 창덕이었는데 어린 녀석이라 그런지 가는데 마다 호기심 천국이었다. 인도사람들에게도 스스럼없이 말을 걸고(물론 외마디 영어 단어거나 거창한 바디 랭귀지) 환율과 정보를 따져가며 가격계산에 열심이었다. 무조건 아끼며 다니자…의 전형을 보여주는 건실한 젊은이. 그리고 자기가 보고 느낀 것을 속사포처럼 빠르게 부산사투리로 말해서 하루 종일 듣고 있다 보면 나중엔 고장 난 텔레비전 방송을 듣는 듯이 무감해졌다. 지환은 인도에 작품 구상하러… 고요한 가운데 뭔가를 찾으러 왔다는 예술가 지망생다운 답변을 했는데 창덕과 다니면서 그 희망을 버린 것 같았다.

하기야 올드 델리의 모스크 앞마당에서 디디 알을 하던 창덕이었으니… 하하…

우리는 그렇게 사흘 동안 함께 델리 구경을 다녔다.

찌는 듯이 더운 날씨라 몇 군데 못보고 숙소로 돌아오기 일쑤였지만…

그러다가 호텔 스위트 드림을 떠나 에어컨 시설이 되어 있는 곳으로 숙소를 옮기기로 하였다.

5. 차 한 잔 하시죠.

호텔 포튜나는 파라간지의 시장 바로 옆에 붙어있었다.
그 옆에는 신발가게 및 기념품가게들이 쫙 붙어있는데 내가 샌들을 고르는 동안 지환이 호텔을 알아보겠다고 나가더니 그 곳으로 낙착

을 봤다는 것이다. 100루피 깎아서 300루피로… 역시 야무진 대한건아 다웠다. 방은 스위트 드림보다 약간 낡은 느낌이었지만 에어컨이 나와서 시원했다. 숙소에 일단 짐을 풀고 홀가분한 마음으로 나오는데 계단 앞 복도에서 한 인도인이 내게 말을 걸었다. 자기 사무실이 이 호텔 안에 있는데 차나 한 잔 마시고 가라는 것이다.

그의 사무실은 한 2평가량 될까, 아주 작았고 곳곳에 여행사진들이 붙어있었다. 그러니까 일종의 트래블 에이전시인 셈이었다. 주된 상품은 스리나가르 투어였지만 물론 아그라, 다람살라 등등을 경유하는 버스 티켓이나 라자스탄을 지프차로 여행하는 프로그램 등을 대행하고 있었다.

"델리 다음엔 어디로 갈 거죠?"

"글쎄요… 일행들이 바라나시로 가니까… 거기로 가려고 하는데."

"바라나시는 지금 아주 더워요. 델리도 이렇게 찌는데 바라나시는 더하죠. 그리고 골목도 마치 미로 같고 화장연기 땜에 오염도 심하고(관광객들이 성스럽다고 느끼는 그 모든 특징들이 이 인도인에겐 단지 불편하고 오염된 것들이었다) 지금 같은 여름철에는 북인도가 좋아요."

"음… 북인도라… 다람살라도 있고 마날리도 있고 그러네요."

"하지만 진짜 인도에서 파라다이스를 꼽으라면 그건 바로 카쉬미르 지방이죠."

"하지만 거긴 내전 중이잖아요?"

"요즘은 소강상태에요. 안전을 보장할 수 있습니다.

카시미르의 스리나가르엔 우리 하우스 보트가 있어요. 거기는 휴식하기엔 최적의 장소에요. 예전에 아랍의 부호들이 인도에 오면 델리에서 바로 스리나가르로 비행기를 타고 갔지요. 그때는 라자스탄이니 뭐니 하는 것도 없었어요. 전쟁전만 해도 최고의 휴양지였죠."

그리고 나는 어느덧 스리나가르로 가는 버스에 사인을 하고 말았다.

한 잔의 차의 위력은 이렇게 시작되었다.

그 후에 알게 되었는데 인도인들… 특히 그 중에서도 최고의 상인들이라 불리는 카시미르인들은 차 한 잔을 접대하면서 그들 특유의 화술로 손님들에게 물건을 팔기 시작한다. 그리고 그 화술은 거의 예술의 수준에 가깝다. 클린턴도 델리에서 카시미르 차를 접대 받으며 백악관에 깔 카페트를 사는 영수증에 기꺼이 사인했던 것이다.

TIBET MEMORY
RESTAURANT
CONAIR
GLADIATOR

GL 35
BEDI

6. 아이 러브 인디아

델리에서의 마지막 밤이었다.

낮에는 트래블 에이전시의 자비드가 우리들의 시내 관광을 도와주었고 저녁에는 함께 맥주도 마셨다. 창덕이는 소시지를 권하자 집어먹다가

"그거 돼지고기로 만들었어."

그러니까 큰일 난 것처럼 토하려고 야단이었다.

모두가 알고 있겠지만 무슬림에게 돼지고기는 쥐약이나 다름없다.

그러다가 사이클 릭샤를 타는데 재미가 들린 창덕이 또 사이클 릭샤를 타고 싶다는 것이다. 델리에서의 마지막 밤을 사이클 릭샤를 타며 돌고 싶다나 어쨌다나… 피곤하다며 발을 빼는 지환(피곤하다기보다는 창덕의 수다에 지쳐서) 대신 창덕은 내게 접근해왔다. 그리 썩 내키진 않았지만 밤바람을 쏘이는 것도 괜찮겠다 싶어 창덕을 따라 나섰다.

녀석은 실로 야심찬 계획을 가지고 있었다.

사이클 릭샤로 올드델리까지 횡단을 한다는 것이다.

우리는 길에서 사이클 릭샤 꾼과 흥정에 들어갔고 50루피로 한 시간 델리 관광이라는 프로그램을 만들어냈다.

빼빼마른 사이클 릭샤 꾼이 기를 쓰고 페달을 밟는 것이 마음에 걸렸다. 결국 코넛 플레이스 부근에 가서 아이스크림을 먹으며 길에서

좀 쉬기로 했다. 좀 쉬자는 말에 릭샤 꾼은 눈이 동그래지더니 아이스크림을 권하자 미소를 지었다. 그리고 힌두어로 뭐라 뭐라 했는데 역시 알아들을 수 없었다. 그렇게 세 명이 길거리에 앉아서 아이스크림을 먹고 있는데 저 쪽에서 경찰이 무게 잡으며 걸어오고 있었다. 아니, 이거 주차 위반인가… 그는 우리 앞에 멈춰서더니 다른 인도인과 똑같은 질문을 했다.

"어디서 왔는가?"

"한국"

"인도에 온 것이 처음인가?"

"처음이다."

이때 창덕이 장난기가 발동했는지 폭탄발언을 하고 말았다.

"실은 지금 신혼여행 중이다."

"아, 그런가. 축하한다. 그럼 아그라는 가 봤는가?"

"아직 안 가봤다. 델리에 도착한지 얼마 안 되었다."

"그럼 꼭 가봐라. 특히 보름달 떴을 때의 타지마할은 로맨틱하기 그지없다."

그리고 몇 마디 나눈 후 우리는 사이클 릭샤를 타고 친절한 경찰관과 헤어졌다.

경찰관은 우리를 사랑스러운 눈빛으로 쳐다보더니 좋은 허니문이 되라고 손을 흔들어 주었다.

그러자 창덕이 갑자기 소리 쳤다.

"아이 러브 인디아."

그리고 1시간동안 밤거리를 돌아다니며

"아이 러브 인디아"를 외쳐대기 시작했다. 사이클 릭샤를 타고 가는 젊은 부인과 아이들에게도, 길거리를 친구들과 걸어가는 인도 청년들에게도 가게 주인에게도, 길거리의 부랑자들에게도… 인도사람들은 그런 창덕의 주책에 손을 흔들어 주었다.

"누나, 누나도 그렇게 말해봐."

창덕은 차마 소리치지 못하는 내게 그렇게 말했다.

아직 달은 보름이 아니었다. 그리고 아직 나는 이 이상한 대륙, 인디아를 사랑하는지 알 수 없었다.

그러나 아직 어린 수다쟁이 창덕은 이미 자신이 이 여행을 사랑하고 있다는 것을 내게 입증해보였다.

멋진 밤의 드라이브였다.

7. 이틀간의 버스 여행

델리에서 스리나가르로 가는 길은 멀고 험했다.

하기야 기차로 꼬박 달려도 5시간을 넘지 않는 작은 나라에서 온 나로서는 먼지 풀풀 날아오는 버스를 타고 48시간을 꼬박 간다는 것이

거의 믿어지지 않을 정도였다. 나에게 차를 권했던 압둘은 자기의 남동생 자비드도 이번에 스리나가르를 가니 불편한 점이 있으면 그에게 말하라고 했다. 하기야 말해서 고쳐질 성질의 것은 아니지만….

그렇게 나와 자비드, 그리고 네팔에서 온 14살의 소년(그 애는 하우스 보트로 보내져 취사를 담당하게 될 것이라고 했다)이 함께 버스를 타게 되었다. 버스 안에는 나 말고도 스위스에서 왔다는 여학생 교꼬(이름은 일본식처럼 들리지만 그녀는 토종 게르만처럼 생겼다), 폴란드에서 왔다는 광고업자 듀발, 그리고 스페인의 발렌시아에서 온 건장한 청년 쥬세페 등 세 명의 외국인이 더 있었다. 이들은 대부분 델리에 처음 떨어져 두 번째 기착지로 스리나가르를 택한 경우였다. 왜? 나는 나의 질문에 대부분이 트래블 에이전시의 권유로… 더워서… 등등의 싱거운 대답만 하고 있었다.

자비드는 교꼬를 에스코트해가는 카시미르인 압나찬과 계속 카시미

르 말로 이야기를 나누느라 정신이 없었다. 무슨 말을 그렇게 많이 하냐고 묻는 나에게 그는 델리 이야기를 하고 있다고 말해주었다.

자비드는 3년 만에 스리나가르로 돌아가는 거란다.

델리에서는 새장 속에 갇힌 새와 같았다는 것이다.

지저분하고 혼잡스런 파르간지, 매일 관광객들을 끌기 위해 거리로 나가야 하는 일들, 인도인의 카시미르인에 대한 편견 등등이 견디기 힘들다는 것.

그래서 그는 내전중인 아름다운 고향, 카시미르를 그리워하고 있었다. 그는 오히려 나보다 더 들떠서 연꽃이 피는 달 호수, 독수리들이 날아다니는 푸른 하늘, 동화속의 전경 같은 히말라야 산맥의 아름다움 등을 나열하고 있었다.

8. 마운틴 몬타나

이틀간의 여정 끝에 드디어 스리나가르에 도착했다.

그 전에 터널 부근에서 승객들이 다 내려 신분증과 여권을 확인하는 절차가 있었고 스리나가르에 도착해서는 버스 정류장의 검문소에서 군인과 대치한 상태에서 얼마간을 더 머물기도 했다. 자세한 내막은 잘 모르겠지만 자비드는 화를 내기 시작했다. 군인들이 관광객들을 입국시키는 대가로 뇌물을 요구한다는 것이다. 교꼬는 한쪽 구석에서 뻑뻑 담배를 피워대며 불쾌하다는 시위를 하고 있었다. 군인이 교꼬와 압나찬의 관계에 대해 묻자 교꼬는 친한 친구라며 예전에 인도에 왔을 때 만났다고 했다. 이번이 두 번째 방문이라고… 교꼬의 공격적인 거짓말에 군인들은 찍 소리 못하고 그냥 내보내줬다. 자비드는 시간이 길어지자 차라리 돈이나 몇 푼을 주고 말자는 쪽으로 방향을 수정한 것 같았다.

초소를 나오면서 그는 인도의 정부와 관공서의 부패상에 대해 비난하기 시작했다. 설사 대학을 나온 총명한 젊은이라 해도 관공서에 취직하기

위해서는 엄청난 뇌물을 먹여야 한다고… 인도의 정부는 가난한 서민들을 도울 생각보다 자기들 뱃속 챙기기에 바쁘다고… 다 맞는 얘기였다.

투덜투덜 대며 우리는 하우스 보트를 찾아갔다.

달 레이크는 자비드가 말한 것처럼 그렇게 환상적이지는 않았다. 호수에서 수영을 해도 된다고 말했지만 물은 생활하수로 오염되어 있었고 호숫가에는 할일 없는 스리나가르 남자들이 죽치고 앉아있었다.

자비드가 호수 맞은편에서 손을 흔들자 한 소녀가 만면에 웃음을 지으면서 손을 흔들었다. 그녀는 낡은 거룻배를 휘저으며 우리에게 다가왔다. 자비드의 여동생 자리나였다. 그리고 배가 하우스 보트에 도착하자 발코니에 책을 읽으며 우아하게 앉아있는 동양인 남자가 눈에 띄었다.

일본인 유키였다.

알고 보니 책은 영어사전이었다.

그는 인도에서 델리 빼고는 오로지 스리나가르의 이 하우스 보트 몬타나에 짱 박혀서 1달 반을 개겼다고 했다. 자리나는 자랑스럽게 유키는 우리의 가족이나 다름없다고 밥도 하우스 보트의 식당이 아니라 본가의 부엌에서 자기 가족들과 함께 손으로 먹는다는 것이었다. 나는 이 장기 체류자 유키를 본으로 삼길 바라는 자리나의 말에 웃음으로 얼버무렸다.

릴랙스… 릴랙스…를 외치며 나는 그렇게 하우스 보트 마운틴 몬타나에 승선했다.

9. 스리나가르

결론을 말하자면 나는 스리나가르에서 3주를 개겼다. 유키의 기록을 돌파하진 못했지만(유키는 두 달간 개긴 뒤 인도를 봐야겠다며 용감하게 스리나가르를 탈출하여 바라나시, 아그라 등을 관광했지만 거센 인도인들의 등쌀에 환멸을 느끼고 다시 스리나가르의 따뜻한 품으로 돌아왔다. 지금은 일본 오사카에서 광고업을 하며 폼 나게 살고 있다) 나름대로 오래 장기 체류를 한 셈이었다. 실은 빠져나갈 기회가 종종 있었지만 자비드와 자리나가 발목을 잡아서… 결국 나도 그들 가족의 일원에 끼이게 되고 말았다.

하우스 보트는 자비드의 아버지 대에 만든 것으로 안쪽으로 들어가면 아랍특유의 섬세한 조각이 새겨진 벽들로 둘러싼 거실이 있고, 그 다음엔 식당, 그리고 꽤 큰 침실이 두 개 정도 있었다.

델리에서 압둘과 흥정 끝에 200루피로 합의를 봤지만(압둘은 처음에 250루피를 불렀다) 세끼 식사와 수시로 제공되는 카시미르 티, 그리고 웬만한 호텔수준을 능가하는 시설 등에 견주어보면 200루피는 미스테리 할 정도로 싼 가격이었다.

그러나 하루의 일상은 단조롭기 그지없었다.

아침에 일어나서 카시미르 빵(와플처럼 생긴)과 꿀, 에그 프라이, 카시미르 티로 구성된 식사를 하고 잠시 하우스 보트 주변을 산책한다. 이때 옆집 보트 아줌마가 이상한 카시미르 말로 말을 걸면 웃음을 잃지 않는다. 귀여운 애들과 놀아주는 것도 정신건강에 좋다. 그리고 1시반경, 야채카레를 유끼와 함께 손으로 비벼먹는다. 다 먹고 나면 이 집 아줌마가 해피? 하고 묻는다. 해피하고 대답한다.

낮에는 발코니에서 달 호수의 아름다움을 감상하며 우아하게 책을 읽는다. 호수를 휘젓고 다니는 나룻배 장사꾼들이 미소를 띄며 접근하면 필요 없다고 지나치게 상냥하지는 않게 응대한다. 가끔 기분이 나면 그들로부터 맥주를 사서 마신다. 술이 금지된 이슬람 사회에서 맥주는 꽤 비싼 가격으로 거래되고 있었다. 밤에 발코니에서 유끼와

자비드와 맥주를 마시고 있는 나를 보면 이 집 아줌마의 끌끌 혀 차는 소리가 들리는 듯 했다. 스리나가르 여자들에게 술과 담배가 금지된 것은 물론이며 시장가는 것을 제외하고는 바깥에 함부로 돌아다니는 것도 허용되지 않았다. 연애는 말할 나위도 없었다. 결혼은 대개가 집안사이의 중매로 이루어졌다.

22살의 자리나도 34살의 압둘의 친구와 올 가을에 결혼하기로 합의되어 있었다. 아버지가 돌아가신 후 기울어진 가세로 결혼자금이 딸린다며 가끔 한숨을 쉬는 그녀였다. 그리고 그 한숨 이면에는 일단 결혼을 하고나면 출가외인이 되어 친정에 1년에 한번 정도도 오기 힘들다는 아쉬움도 들어있었다. 자리나의 약혼자의 하우스 보트 아폴로 11호 또한 달레이크에 있는데도 말이다.
그 평온하고 단순한 일상 속에서 나는 릴랙스하려고 엄청 노력하며 (그러나 왠지 어디 가고 싶어서 몸이 근질근질했다) 자리나와 유끼, 자비드와의 우정을 쌓아나갔다. 물론 매 끼니마다 손으로 카레를 먹어서 손톱 끝이 노래진 건 물론이고 말이다.

10. 소넨마르그

드디어 결전의 순간이 찾아왔다.
난 스리나가르의 마운틴 몬타나를 떠야한다.
그러나 자리나와 이 집 아줌마가 더 묵고 가라며 난리다. 그리고 이 집의 매니지먼트를 맡고 있는 라시드가 내가 나갈 낌새가 보이자 히말라야 트래킹에 대해 부쩍 말하기 시작했다. 세계 곳곳에서 온 여행객들이 히말라야의 설산과 호수를 배경으로 함빡 웃고 있는 사진… 여기는 천국이에요, 즐거웠어요…를 연발하는 방명록을 보여주며 니가 스리나가르에 왔으면 히말라야와 달 호수를 둘러보는 시카라(나룻배의 일종) 투어를 해야지 그 진면목을 경험하는 거라고 자꾸 꼬드겼다. 결국 100불에 2박 3일간의 소넨마르그 트랙킹, 하루 동안의 시카라 투어를 하기로 맘 먹었다.

소넨마르그 트래킹은 유끼와 자비드도 함께 가기로 했다. 내키지 않은 발걸음이었지만(난 산은 원래 별로다. 바다체질. 더구나 한국에선 지리산도 안 가봤는데…) 스리나가르를 벗어나서 소넨마르그의 골짜기로 접어들면서… 아, 진정한 파라다이스는 바로 여기구나 하는 생각이 들었다.
산줄기를 휘감아 도는 물은 하늘빛이었고 햇살에 반짝이는 나뭇잎들은 연초록이었다. 그리고 지리교과서에서나 봤던 히말라야의 웅장한 설산이 손에 잡힐 듯이 가까이 보였다. 그 모든 색채와 따뜻한 광선들… 조그마한 시골의 집과 손을 흔드는 어린 학생들… 한마디도 안하고 계속 차창 전경만 바라보아도 지루함을 느낄 수가 없었다.

드디어 우리가 2박 3일간 베이스캠프를 치게 되는 소넨마르그의 골짜기에 도착했다.

그 곳은 마치 하루끼의 '하드 보일드 원더 랜드'에 나오는 유니콘의 서식처 같았다.

가운데가 움푹 파인 자그마한 분지 같은 지형에 배경으로는 히말라야 설산이 둘러싸고 있고 푸른 잔디밭 위에서는 흰 말과 기름져 보이는 소가 풀을 뜯어먹고 있었다. 유끼에게 그 이야기를 했더니 자기는 하루끼를 읽어본 적이 없다는 거였다. 그리고 유니콘이 뭐냐고 물었다. 이래저래 정성껏 설명을 하자 '소데스까.' 그러더니 암튼 저 기름진 송아지는 맛이 아주 좋을 거라고 논평하는 것으로 끝을 냈다.

11. 별이 쏟아지는 밤

히말라야의 밤은 아름다웠다.

우리는 좀 더 하늘에 가까이 있었고 희박한 공기를 뚫고 별이 쏟아지고 있었다. 마치 태평양에 서서 둥근 호를 그리는 바다의 수평선을 보듯이 나는 히말라야 산맥의 골짜기에 누워 둥근 호를 그리는 별들의 지평선을 바라보았다. 초승달이 낫처럼 걸려있고 그 주위를 수많은 별들이 호위하고 있었다. 쌀쌀한 밤공기를 맞으며 그렇게 하염없이 나는 하늘을 바라보았다.

우리 캠프 옆에는 8명가량의 서양인 여행자들이 캠핑을 하고 있었다. 그들은 18일간에 거쳐 트래킹을 할 것이며 최종 목적지는 라닥이라고 했다. 이상하게 조용한 그들은 농아로 말을 할 수 있는 사람은 일본인 여행객 한 명밖에 없었다. 조용히 타는 모닥불을 바라보며 그들은 하쉬쉬를 피우기도 하고 수화로 뭔가를 얘기하기도 했다.

간간이 떨어지는 별똥별을 바라보며 유끼가 내게 물었다.

"너는 소원이 뭐니?"

"소원… 글쎄… 무사히 여행을 끝마칠 수 있게 해달라는 것. 그리고… 언제나 긴 여행을 떠날 때마다 빌게 되는 주문 같은 건데 보이지 않는 것을 보게 해 달라는 것."

"보이지 않는 것?"

"음… 보이지 않는 것."

그 소원은 8년 전 첫 여행을 떠난 독일의 한 거리에서 비롯되었다. 나는 그때 무슨 박물관으로 가기 위해 걷고 있었고 맞은편에서는 한 독일인 목사와 동양여자가 걸어오고 있었다. 왠지 한국인 아줌마일 것 같아서 인사를 건넸더니 그녀는 독일에서 15년째 살고 있는 재독 교포였다. 그녀와 독일인 목사가 무슨 관계였는지는 잊어버렸지만… 아마도 부부가 아니었을까… 그 독일인 목사는 내게 여행자냐고 물었다.

20살의 조그만 계집애가 고개를 끄덕이자 그는 내게 축복을 내려주었다.

"사람들은 여행을 하면서 눈에 보이는 것만을 좇기 쉽지요. 그러나 정작 중요한 것은 보이지 않는 것입니다. 여행 중에 보이지 않는 것을 보기를 바랍니다. 그럼 좋은 여행이 되기를…"

나는 그 말이 성경의 어느 구절에 있는지는 모르겠으나 그 후 40일간의 유럽 여행 동안 나는 무슨 주문처럼 보이지 않는 것을 보게 해 달라고 기도드렸고 신은 내게 그것을 보여주었다. 그것은 그 곳에 살고 있는 인간들의 모습들이었다. 나는 그 여행길에서 미혼모인 스위스의 여자아이, 망명길에서 두 아들과 아내를 잃어버린 이란인 노동자, 파리의 알제리인 이민자 등을 만나게 되었다. 그리고 그들은 내게 보이지 않는 그들 인생의 이야기를 말해주었다.

12. 다시 또 길 위에 서서

라시드의 권유로 2박3일간의 트랙 킹과 하루 동안의 시카라 투어로 카시미르 지방의 진수를 맛본 다음, 나는 다시 길을 떠나기로 결심했다.

라시드가 어디로 갈 거냐고 물었다.

"다람살라."

"다람살라? 다람살라에 뭐 볼게 있다고… 거긴 정말 조그만 동네인데."

"달라이 라마가 있잖아요. 난 거기서 불교 강의도 듣고, 명상법도 좀 배우고 싶다구요."

"암튼 간다니까 말리지는 않겠는데 정말 조심해서 다니라구. 모든 인도사람이 우리 같지는 않아. 개중엔 관광객을 봉으로 알고 뜯어 먹으려는 사기꾼들이 널리고 널렸단 말이야. 심지어는 여행객의 주머니를 노리고 살인까지 저지르기도 한다구. 단단히 조심하구, 거듭 말하지만 아무도 믿지 마."

자비드와 라시드는 그래도 안심이 안 되는지 잠무로 가는 버스 안까지 나를 좇아 들어와 신신당부였다.

나는 최대한 외국인 티를 안 내려고 판져브 슈트로 중무장을 했지만 동양인 마스크는 인도인들로 꽉 찬 버스 안에서 너무나 도드라졌다.

이제 다시 혼자이다.

버스는 스리나가르의 정류장을 떠나고 먼발치로 자비드와 라시드의 모습이 어른거렸다.

그리고 하우스보트에서 나를 배웅해주던 유끼와 자리나의 모습도…

지루한 일상이기도 했지만 내겐 집 같은 편안함을 느꼈던 하우스 보트에서의 시간들이었다. 그리고 나는 인도에서 너무 빨리 지어버린 집을 떠나는 느낌이었다.

그러나 나는 곧 여행의 법칙에 맞닥트리게 되었다.

Hello and Good bye… 우리는 안녕이라는 말로 새로운 도시와 조우

하며 안녕이라는 이름으로 정든 이들과 길 위에서 헤어진다. 그러나 그 이별은 언제나 새로운 시작에 다름 아니다. 아쉬움이 남지만 나는 아직 가야할 많은 길들을 남겨두고 있었다.

13. 잠무로 가는 길

이번 버스에서 외국인은 단 두 명뿐이었다.

나와 우연히 내 옆자리에 앉게 된 일본인, 노부.

이래저래 우리는 잠무로 가는 동안 이야기를 나누게 되었다.

그는 대학 졸업반으로 여름방학을 이용해 인도여행을 왔다는 것이다. 아르바이트로는 야학을 하고 있고 학교를 졸업하면 선생님이나 경찰관이 되고 싶다고.

그리고 취미는 세계 문화유적답사란다.

"난 유적지를 방문하는 것이 좋아. 오래된 궁전, 신전, 동굴… 뭐 이런 것들… 위대한 폐허들 말이야. 그런 곳에 가만히 앉아있으면 시간을 상상하게 돼. 그것들이 번영했을 때의 영광스러웠던 시절들을 말이야. 그리고 애들을 가르치는 것도 좋아하지. 재미있어. 그들은 전부 우리의 근원에 대한 작은 정보들이야. 완전한 행복들이지."

그러면서 그는 잠무에서 바로 델리로 가서, 거기서 좀 구경하다가 엘로라의 아잔타 석굴을 구경하러 가고 싶다고 했다. 나는 잠무에서 달라이 라마가 피신처를 마련한 다람살라로 가게 된다. 모든 여행자들은 자기 내부의 작은 정보들, 혹은 열정을 따라 길을 떠돌고 있었다. 그렇다면 내 내부의 열정은 무엇일까. 나는 아직 아무 말도 할 수 없었다. 창밖으로 원숭이들이 도로변에 앉아 있는 것이 보였다. 골짜기 사이로는 해가 지고 있었다. 그렇게 버스는 잠무까지 8시간을 달려갔다.

14. 월식

아침에 일어나 우연히 보게 된 신문에서 알게 되었지만 내가 잠무에 도착한 날은 개기 월식이 일어난 날이었다.

저런, 무거운 배낭을 메고 숙소를 찾으러 이리저리 발길을 옮기고 있었을 때 달이 변한 모습을 보긴 했지만, 그게 월식인줄은 까마득히 모르고 있었다.

내가 스리나가르를 떠날 때 하우스 보트에서 본 달은 거진 보름달이었는데 참, 달은 모양도 빨리 바꾸지. 벌써 반달이 다 되어가다니 하는 웃기는 생각을 하며 그저 싸고 지낼만한 게스트 하우스를 찾기에 골몰하고 있었던 것이다.

노부는 스리나가르에서는 엄청난 바가지를 쓴 듯(나는 그가 하루에 지

불했다는 하우스보트 숙박비에 대해 터무니없다는 반응을 보일 수밖에 없었다. 게다가 그 간교한 카시미리는 만면에 웃음을 지으며 떠나는 노부에게 카세트 플레이어 등 값나가는 물건들을 선물로 달라고까지 요구했다고… 덕분에 잠무에서 노부는 좀 더 똑똑해졌다.) 잠무에서는 싼 숙소 싼 숙소를 외쳐댔다.

사실 여행을 다니다보면 생활이 점점 단순화 되어가는 것을 느낀다. 먹고 자고 마시고… 이 기본적인 조건을 해결하는 것이 급선무이다. 그리고 보고 느끼는 것은 개인의 역량과 여행의 운에 의해 좌우된다. 나는 하필이면 왜 그때 그 사람을 만났을까, 거기 가려고 하지 않았

는데 나는 왜 그 도시를 방문하게 되었을까, 왜 그때 나는 그 물건을 잃어버렸을까… 등등 여행을 하다보면 이 사소한 우연들이 실은 거대한 필연임을 느끼게 되는 날들이 적지 않다.

그리하여 잠무에서의 개기월식과 함께 들어온 카시미르의 빨감 계곡에서 일어난 힌두 순례객들에 대한 테러사건은 나를 더욱 더 그런 감상에 젖게 만들었다. 그 인도인 순례객들이 스리나가르에 차를 타고 도착하여 그룹별로 시카라를 타고 달 호수를 건너와 하우스보트에 묵던 광경을 기억한다.

그들 중에 누가 죽고 누가 살아남은 것일까.

게다가 마날리에서도 독일인 여행자가 숲에서 살해되었다는 무시무시한 소식이 들려왔다.
노부는 인도에서 종종 발생하는 일본인 관광객에 대한 살인, 강간사건을 언급하다 입을 다물었다. 우울했다.
이제 이 이국의 땅에서 위험을 피하는 것은 온전히 나 자신의 의지와 운에 달려있었다.
나는 어느 때보다 안전한 여행이 되게 해 달라고 여행의 신에게 빌었다.

15. 다람살라

우리가 다람살라, 다람살라라고 하지만 티베트 망명정부가 둥지를 틀고 있는 곳은 다람살라에서 30분정도 올라간 언덕배지의 땅 맥로드 간지이다.
그 밑 동네 다람살라에는 주로 인도인들이 거주하고 있다. 이런 지형적 인종분포 때문에 싸움도 종종 나곤 한단다.
한번은 맥로드 간지의 티베트의 청년들과 다람살라의 인도인들이 대판 싸웠다는데 이 때문에 심기가 불편해진 달라이 라마는 망명정부를 남인도의 뱅갈로르르로 옮길 생각까지 했다고 한다.
그러나 정작 그 다람살라 인도인들이 뜨려는 티베트인들의 발목을 잡았다고… 니네가 가면 우리는 뭐 먹고 사나. 우리는 너네들 보러

오는 저 멍청한 관광객들 덕분에 먹고 사는데… 뭐 이런저런 이유로….

그 말대로 다람살라에는 히피 같은 여행자들이 정말 많았다.

아마도 달라이 라마와 티베트 불교가 조성하는 성스러운 아우라 덕분일까.

그들은 맥로드 간지의 게스트 하우스에 거주하며 요가나 명상 수업을 듣거나 티베트 요리, 티베트 말을 배우며 하루하루를 때우고 있었다.

나도 예외는 아닌지라 티베트 도서관에서 아침마다 열리는 불교 강좌에 다니기로 했다. 한국에서는 서울의 조계사도 안가는 주제에 말이다. 참, 간사하기도 하지.

나는 숙소 앞 식당에서 뚝바를 먹으며 티베트 도서관에서 진행되고 있는 불교 프로그램의 주제들을 살폈다. 이번 주제는 현상세계였다.

그러다가 옆자리에 앉아있던 두 독일인 여자들과 이야기를 나누게 되었다.

이들은 태국에서 우연히 만나 같이 여행하게 된 케이스로 유난히 눈이 반짝거리는 소녀 같은 앤과 약간 보이쉬한 느낌의 씩씩한 여자, 마르다였다.

마르다는 감기에 걸렸는지 좀 쉬어야겠다고 일찍 숙소로 들어가고 나는 앤과 잠시 이야기를 나누게 되었다.

별 특별한 것은 없었다. 뚝바가 참 맛있다. 여기엔 뭔 향신료가 들었을까, 한번 먹어보고 맞춰봐라 뭐 이런 수다정도를 떤 것 같은데….

나는 그 무렵 둘이 함께 여행 다니는 그들이 부러워 미칠 지경이었다. 나는 왜 항상 혼자인가. 역시 나쁜 인간성이 일조를 하는구나 하며… 그러나 혼자이면 더 많은 사람들을 만나게 된다.

사람들에 대한 호기심이 그만큼 더 강화되는 것이다. 덕분에 나는 그들로부터 가끔 재미있는 이야기를 듣곤 했다.

앤은 근처에 있는 게스트 하우스에 묵고 있는데 그 하우스 이름이 레이디스 벤처(숙녀들의 모험)란다. 나는 델리에서 호텔 스위트 드림과 호텔 포튜나에 묵었다고 말해주었다.

즉 달콤한 꿈과 운명이라는 호텔에 말이다. 이번에 내가 모험 호텔에 묵는다면 나의 여행은 더욱 완벽해지지 않을까 하는 농담을 했다.

뚝바를 다 먹을 무렵 장대같은 비가 쏟아졌다.

인도의 8월은 우기였다.

나는 황토 흙이 씻겨 내려가는 길들을 보며 다시 또 새로운 도시에 도착했다는 안도감을 느꼈다.

여기에서는 도대체 뭐가 나를 기다리고 있을까 하는 작은 호기심과 더불어….

16. 태국에서 왔어요?

다람살라에 오는 모든 관광객들은 무슨 코스처럼 달라이 라마와의 접견을 신청하는데, 한 몇 초 지나가며 악수를 하는 것이 전부였다.
그럼에도 불구하고 이 신성한 티베트의 수장은 이들 관광 순례객들의 마음에 큰 감동을 주곤 한다.
몇 초간의 지긋한 응시와 악수, 그걸로도 충분히 그들은 달라이 라마의 힘과 자비를 느낀다고 그러던데 안 해본 내가 알 수는 없지.
나는 리차드 기어와 달라이 라마가 악수하는 사진이 붙은 환전소에서 환전을 하고, 맛있는 티베트 요리를 먹고, 인터넷 카페에 들러 메일을 체크하고 그러는 속세의 생활을 했다.
그 중 유일하게 종교적인 것이 티베트 도서관의 불교 강좌였는데 이것도 아침에 산책삼아 한 불손한 의도를 숨길 수는 없었다.
강좌에는 꽤 많은 외국인들이 모여 있었다. 간간히 티베트인들도 눈에 띄었지만….
강의는 달라이 라마가 아니라 그에 준하는 고승이 맡은 것 같은데 그는 건장한 체격에 호탕한 웃음을 가지고 있었다.
맥로드 간지에서 가장 기분 좋은 것 중의 하나가 바로 이 티베트인들이었다.
이들은 대부분 건장한 체격에 만면에 웃음을 띄고 있다. 얘기하다보면 참 스케일이 큰 사람들이라는 것이 느껴진다. 비록 이제 다람살라는 성스러운 작은 마을이라기보다 상업화된 관광지의 라벨을 붙이게 되었지만….

암튼 나는 얌전히 앉아서 고승의 진리에 귀를 기울였다.

우리가 사는 이 세계는 허상에 불과한 것으로 진짜 세계의 반영에 지나지 않는다. 그러나 실체 뒤에 그림자가 존재하듯, 이 허상의 세계도 존재한다. 그러나 거울 속에 보이는 상은 실제가 아니다. 모든 것이 없기 때문에 모든 것이 가능한 것이다.

뭐 이런 말을 듣는데 헷갈려서 돌아버릴 지경이었다. 아, 담론의 무모함이여…. 언어의 빈약함이여, 언어로 진리를 깨닫는 것은 얼마나 무모한 짓인가. 그것도 영어로… 음….

그러나 서양 여행객들은 열심히 눈을 빛내며 가게에서 산 예쁜 수공예 노트에 고승의 금과옥조를 적고 있었다.

1시간 남짓 강의를 듣고 일어서려는데 어제 보았던 앤이 보였다.

그녀의 맑은 눈은 이 자리에 딱 어울려 보였다.

정말 맑고 광채가 나는 보석 같은 눈이었다.

눈은 영혼의 반영이라던데 그럼 침울하고 칙칙한 장정혜의 눈은? 하고 또 쓸데없는 추론을 해 보았다.

그때였다. 뒤에서 누가

"태국에서 왔어요?"

라고 물었다.

웬 태국? 하긴 타긴 많이 탔지.

하며 뒤를 돌아보니 분명 한국인 같은 아저씨였다.

그래서 나는 유창한 한국어로 말해주었다.

"전 한국 사람인 데여."

그러자 갑자기 엄청난 경상도 사투리가 밀려왔다.

"진짜로? 난 니가 하도 새까매서 태국안 줄 알았다. 여기에 태국 아들도 종종 오거든. 하여튼 참말로 반갑데이. 밥 묵었나? 안 묵었으면 올라가서 뚝바나 한 그릇 할래?"

음… 음… 갑자기 나는 한국의 현실세계에 돌아온 느낌이었다.

17. 용을 찾는 사람

그 무지막지한 진주 사투리의 주인공인 임씨 아저씨는 가식 없는 말과 박식한 지식을 바탕으로 뚝바를 먹는 나의 귀를 사로잡았다.

올해 방년 35세를 넘긴 노총각. 국내의 모 명문대 법대를 나와 공사로 지칭되는 정부기관을 떠돌다가 작년에 회사에 사표내고 이리저리

여행을 하고 있다고… 그런데 유난히 급한 그의 성미처럼 그의 여행도 좌충우돌의 연속이었다. 맨 처음에는 유럽이 좋다길래 유레일패스를 끊어 유럽에 갔는데 한 10일보고 나니 지루하고 재미가 없더라나. 다 그게 그거 같고 사람들도 딱딱하니 재미없고…. 그래서 재빨리 돌아와 인도로 갔단다. 예전에 누님이 다람살라에서 1년을 체류하시며 영어를 배웠다고….

다람살라에서 영어를 배운다? 티베트어가 아니고? 하고 의문을 가지실 분들도 많겠지만 다람살라에는 워낙 서양인 장기 체류자들이 많은데다가 티베트 도서관에서도 영어로 불교 교리 교육을 하기 때문에 맘만 먹으면 저렴한 값에 불교문화를 느끼며 영어를 배우는 것도 그리 어려운 일은 아니었다.
실제로도 나는 서양 여행객들이 티베트 젊은이들에게 영어를 가르쳐 주며 식당에서 대화를 나누는 광경을 종종 목격하곤 했다.
게다가 몇몇 카페에서는 최신 할리우드 영화를 레이저 디스크로 상영하기도 하니 다람살라에서 안락한 현대생활을 영위하기에는 아무런 지장이 없었다.
암튼 그 후 임씨 아저씨는 6개월 안에 인도를 무려 3번이나 들락날락 하신 것이었다. 올 때마다 초스피드로 인도대륙을 횡단하고….
아, 이쪽은 다 마스터 했다. 다음엔 저쪽으로…. 뭐 이렇게.
그러나 이제 다 돌아본 시점에서 다람살라에서 장기투숙하며 영어공부나 하고 있다고.
장래희망은 미국으로 MBA를 따러 가는 것.
이 임씨 아저씨에게 주로 인플레이션(인상)을 준 것은 인도의 아름다운 자연이나 거창한 건축물이 아니라 바로 일본 아가씨들의 미모였다.
말만 난봉꾼인 그는 내 짐작엔 불쌍한 노총각임이 틀림없었지만 자기는 코리안 카사노바라며 이제까지 만난 일본여자들의 인상들을 줄줄이 나열하곤 했다. 그때는 그의 눈에 생기가 반짝거렸다.
내가 엘로라 동굴은 어땠어여?
그러면

"마, 아무것도 없더라. 동굴에 찌렁내만 나고 노 인플레이션. 그런데 거기서 한국 아들 만나서 신라면 끓여먹었다. 야, 진짜 거기서 먹으니까 맛이 기가 막히데."

이런 식으로 인도의 문화유적들을 하나씩 하나씩 평가절하하여 인도여행의 백미라는 엘로라 동굴로 가려던 내 계획을 좌절시키기도 했던 것이다.

그런데 신기하게도 카페에서 웬 클래식 음악이 나오기만 하면 곡명뿐만 아니라 작곡가, 그 곡을 연주했던 오케스트라까지 정확히 집어내어 나를 참 헷갈리게 했다. 암튼 그날 오후, 나는 임씨 아저씨의 좌충우돌 인도 기행담을 들었다.

그가 사모했던 일본 아가씨, 델리에서 만난 한국 아가씨, 바라나시에서 칼 맞아 죽을 뻔한 이야기, 캘커타로 가는 기차 안에서 만난 힌두교 승려이야기, 밤의 버스정류장에서 만난 기이한 일본 히피(이 일본 히피는 자기 몸에 문신을 수집하기 위해 여행을 하고 있다고. 특히 하쉬

쉬를 하고 새겨주는 문신은 참으로 독창적이라나… 뭐… 그렇단다.) 이야기 등등….

그 때였다.

그가 봄베이에서 만난 용을 찾는 사람에 관해 말하기 시작한 것은….

"봄베이 또 거기가 더럽게 물가가 비싼기라. 웬만한 방은 다 1000 루피 넘어간다니까. 상상이 안 되제? 암튼 내가 거기서 구세군 회관에 묵었는데 그래도 거가 그나마 싸다. 그리고 아침도 주고. 그래가지고 내가 아침 묵을라고 식당에 안 내려갔나. 밥 받아가지고 식탁에 떡 앉았는데 바로 앞에 서양인 여행자가 있는기라. 한 50쯤 되먹었나. 근데 좀 히피 같더라. 심심해서 한번 물어봤지. 와, 우리 공식 질문들 안 있나.

어디서 왔어요? 그러니까 스위스에서 왔다고 그러대. 그래서 또 물었지. 얼마나 오랫동안 인도에 있었소? 그런데 내가 좀 뻥 쳤지. 이 자식이 30년이나 인도에 있었다고 그러는 거야. 참 독한 놈이다 싶대. 그래서 또 물었지. 인도에서 뭘 했는데요? 나는 용을 찾고 있었소. 완전 또라이 아냐? 30년 동안 인도에서 용을 찾았다, 뭐 졸라 멋있게 그렇게 말을 하더라고. 하도 기가 막혀서 그래, 용이 도대체 어데 사냐? 하고 물었더니 인도북부 카시미르와 파키스탄 산간 지방의 어디쯤에 산다고…. 그래서 용을 한번이나 본 적이 있냐 그러니까 아직 못 봤대."

"그 사람 약 하는 거 아니에요?"

"그래, 그런 거 같더라. 눈이 좀 풀렸대."

그렇게 용을 찾는 사람에 관한 이야기는 끝이 났다.

그러나 계속 어떤 의문이 마음속에 남는 것을 멈출 수가 없었다. 그는 과연 그 때 용을 찾고 있었을까. 아니면 30년 동안 인도에서 무얼 했냐는 동양인 여행객의 서두 없는 질문에 대한 농담이었을까. 궤도를 이탈한 별들처럼 문명의 사회에서 인도로 들어와 몇 년씩을 죽치며 지내는 저 장기 체류자들의 마음속에 인도는 과연 어떤 곳일까. 단순히 생활하기에 싸고 여행도 즐길만한 그런 곳일까. 가끔씩 그들이 허공을 응시하며 멍한 표정으로 앉아 있을 때 그들의 마음은 어디로 날아가고 있는 것일까. 고독 속에서, 길 위에서, 하루하루 아무것도 약속하지 못하는 만남과 이별 속에서 그들은 무엇을 하고 있는 것일까. 뭐… 이런 잡생각들….

그리고 나도 그렇게 되면 어떡할까 하는 두려움과 기대. 아예 나도 여기서 모든 끈을 놓아버릴까 하는 충동. 다시 한국을 생각했다. 끈을 놓기엔 돌아가서 하고 싶은 일이 너무 많았다. 비록 인도에 오기 전에 나또한 좌충우돌인 성격인 탓에 여러 가지 잘못과 실수를 저질렀지만. 그 때문에 며칠 동안 납덩이처럼 가라앉기만 했지만. 나는 다시 어딘가로 가야한다는 내부의 명령에 따라 여행을 시작한 것이다. 이대로 멈출 수는 없다. 계속 전진한다. 뭐 그런 되도 안한 비장한 각오로…. 용을 찾기에는 나 자신에 대한 집착이 너무 많았다. 그러나 나 또한 용을 찾고 있었다. 그것은 내 앞에 앉아있는 임씨 아저씨 역시 마찬가지였다.

18. 다시 만난 창덕

다람살라에서의 생활은 궤도에 접어들었다.

매일 한 시간씩 쏟아 붓는 비. 진흙길을 헤치고 걸어가는 티베트 도서관. 임씨 아저씨의 수다. 뚝바의 얼큰한 국물 맛. 카페에서 종종 상영해주는 최신 할리우드 영화들. 다람살라는 인도이면서도 인도가 아니고 마치 서양의 어느 한적한 시골마을 같았다. 온갖 편의시설이 다 갖추어진 그런 휴양지 같은 느낌말이다. 밤이면 카페의 어느 한 구석에서는 여행자들의 대화가 이어졌고 그중의 몇은 옆에 책을 쌓아놓고 불교의 교리에 대해서도 열띤 설전을 벌였다. 티베트 불교에 귀의한 듯 주황빛 가사를 입은 서양인들도 종종 눈에 띄었다. 그러나 정작 임씨 아저씨는 게스트 하우스를 운영하는 티베트 젊은 승려들이 패션 채널을 틀어놓고 하루 종일 모델들을 보고 있더라, 한국에서 온 땡중(임씨 아저씨의 설명에 의하면 그는 한국에서 사기죄로 걸리기도 한 전력을 자랑하고 있다고)이 어떻게 했다더라 등등 별 도움거리가 안 되는 가십에 치중하고 있었다.

그러나 차츰차츰 시간이 지남에 따라 나도 몇몇 새로운 한국 여행자들을 다람살라에서 만나게 되었는데 그 중에는 미영이라는 여학생도 포함되어 있었다. 그녀는 방년 27살로 의대 2학년생이었다. 대학을 들어가기 전에는 우체국에서 일했다고. 왜 그렇게 늦은 나이에 의대에 진학할 결심을 하게 되었냐고 하자 그녀는 뜻밖의 답을 했다.

"여행을 다니기에 좋은 직업인 것 같아서요. 전 여행을 다니면서 사람들을 치료해주고 싶거든요."

그러면서 그녀는 3년 전에 뉴질랜드를 여행한 것이 그런 결심을 하게 된 시발점인 것 같다고 웃었다. 우리는 길을 걸으며 가게의 쇼윈도우를 구경하거나 중고 책방을 기웃거리곤 했는데 그녀는 서점에서 한참을 서성이더니 간디 위인전을 사는 것이 아닌가. 좀 쾌쾌 묵은 느낌이 들었지만 과연 그녀다운 선택이었다.

한편, 임씨 아저씨가 땡중이라고 결론을 내린 그 스님은 내일모래 달라이 라마와 접견을 한다고 자못 기대에 부푼 표정이셨다.

그러던 어느 날이었다.

길을 걸어가는데 어딘가 뒤에서 '누나'하고 부르는 목소리가 들렸다.

귀에 익은 부산억양이었다. 뒤를 돌아보았다. 아니나 다를까 델리에서 그토록 애를 먹였던 창덕이었다. 녀석은 건장하게 살아서 인도 복장을 갖춰 입은 한국인 여행자들과 함께 있었다. 거의 한 달 반 만이었다. 너무나 반가운 나머지 우리는 탄도리 치킨과 맥주를 앞에 놓고 밤새도록 서로의 여행에 관해 이야기를 나누기 시작했다.

창덕은 델리를 떠나 아그라, 바라나시를 거쳐 부드가야로 갔고 그곳 부드가야에서 보름간 노역에 시달렸다고(인도 빈민층을 위해 집을 지어주는 하우징 프로젝트에 창덕은 지환과 함께 참여한 것이었다) 그 후 지환은 캘커타로 갔고 창덕은 다시 델리를 거쳐 마날리 그리고 다람살라로 오게 되었다고….

"누나는요?"

"어…. 나는 스리나가르에 있다가 다람살라로 온지 5일째야."

"그럼 스리나가르하구 다람살라가 다예요?"

"음…."

"그동안 도대체 뭐 했어요?"

나의 게으른 여행 법에 창덕은 혀를 끌끌 차더니 자신의 수첩을 쫙 펼쳐보였다. 거기에는 한국여행자들을 비롯하여 외국 여행자들의 명단이 끝도 없이 이어지고 있었다.

"이게 다 뭐니?"

"이때까지 만난 사람들요."

읔…. 녀석이 부산에 100명이 넘는 친구가 있다고 한 것이 뻥이 아니었던 것이다. 녀석은 그 떠듬거리는 영어실력으로 2시간동안 기차에서 영어 네거티브스피커인 영국 애와 이야기를 했다고…. 그 광경을 보고 지환 역시 입을 다물 수가 없었다나…. 역시 진정한 수다쟁이의 면모를 확인할 수 있었다.

"그래, 도대체 무슨 이야기를 했니?"

"그 아이의 꿈과 나의 꿈에 대해서…. 인도에 대해서… 뭐 그런 거죠. 뭐."

그러면서 창덕은 왕성한 식욕으로 탄도리 치킨 한 마리를 처치한 후 계산서를 내 앞으로 밀어놓았다. 그는 이제 서바이벌 여행, 즉 빈대여행에 돌입하기 시작한 것이었다. 다람살라에서 창덕과 헤어진 후 다른 여행자들을 통해서 그의 소식을 종종 확인할 수 있었는데, 그 후 창덕은 몇몇 여행자들을 파탄내면서 식도락을 즐겼다는 후문이 있었다. 음… 믿거나 말거나…. 그러나 내게는 좀 귀여운 빈대였다고나 할까. 그리고 그와의 인연은 네팔의 카트만두에서 또 한 번 이어지게 되었다.

19. 마이꼬를 찾아서

창덕도 떠나고 다람살라의 생활도 점점 권태기에 접어들 무렵, 나는 다시 떠날 생각을 하고 있었다. 길에서 만난 티베트 사람들이 8월초에 다람살라 부근의 꿀루 계곡에서 달라이 라마의 강연이 있다고 같이 가자고 꼬득였지만 왠지 썩 내키지 않았다. 이번 강연의 주제가 뭐냐고 물었더니 '죽음'이란다.

임씨 아저씨가 땡중이라고 결론을 내린 스님은 부푼 기대를 안고 달라이 라마와 접견했으며 약 5분간 진지한 대화를 나눌 수 있었다고.

뭐라고 했는데여? 그러니까 자세한 이야기는 이번 가을에 달라이 라마가 한국에 오면 하겠다고 했다고….

참고로 그 때만 해도 달라이 라마의 한국 방문이 거의 확정되어있었는데 후에 중국과의 껄끄러운 마찰관계를 두려워한 우리 정부의 태도 때문에 방한 계획은 무산되었다고 들었다.

아무튼 나는 이 티베트인들의 고장을 떠나 리쉬케쉬로 갈 결심을 굳히고 있었다. 티베트인들이 마니차를 돌리는 것은 실컷 봤으니 이제 힌두교도들이 목욕하는 것을 보러갈 차례가 아닌가 하는 마음으로…. 그러자 임씨 아저씨도 리쉬케쉬로 가는 나의 계획에 동참하겠다는 것이었다. 그러나 그의 속셈은 달랐다. 그는 리쉬케쉬에 가서 마이꼬를 찾아야겠다는 것이었다.

마이꼬가 누군데여.

전에 캘커타에서 만난 일본여자라나. 피부가 희고 웃을 때 귀엽고 암튼 너무너무 마음에 들었는데 안타깝게 놓쳤다고. 마이꼬가 리쉬케쉬에서 요가를 배울 계획이라고 그때 넌지시 말했단다.

아직도 리쉬케쉬에 있을까여?

글쎄, 확신은 할 수 없지만 있을 것 같은 심증이 든다고. 그리고 자기도 힌두교에 관해서 관심이 많다나. 리쉬케쉬는 대표적인 힌두성지이니 한번 가 봐도 될 듯하다고.

그래서 나는 임씨 아저씨와 동행으로 일단 델리로 가는 버스를 타게 되었다. 다람살라에서는 리쉬케쉬까지 직행으로 가는 코스가 없었기 때문에 가려면 일단 델리를 거쳐야 한다는 것이었다. 나는 델리에 들르면 자비드와 유끼의 안부도 알아볼 계획이었다. 그리고 임씨 아저씨도 델리에 아는 한국인 유학생이 있다고 안부를 궁금해 하였다.

버스 정류장에는 다람살라를 뜨는 외국 여행자들이 한 무더기였다.

티베트인이나 인도인은 손가락으로 꼽을 정도…. 그들은 대부분 다람살라에서 한 달 이상은 장기체류를 한 듯, 정류장에는 그동안 정들었던 동료 여행자들이 떠나는 친구들을 배웅하기에 정신이 없었다.

옆자리에 앉게 된 로라도 그런 케이스였다. 어떤 잘 생긴 남자 하나가 내 옆자리까지 와서 로라에게 좋은 여행 되라고, 꼭 다시 연락하라고 신신당부를 하며 키스를 했다. 창밖에도 2명의 일본인 여행자를 비롯하여 로라의 친구들이 손을 흔들며 그녀를 배웅하기에 정신이 없었다. 버스가 다람살라를 출발하자 갓 20이 넘었음직한 그녀의 앳된 눈매에 눈물방울이 맺혔다.

한동안 헤드폰을 끼고 음악을 듣는 듯하더니 작은 손가방에서 편지 하나를 꺼내 뜯었다. 편지 봉투 안에서는 작은 부처님 상 조각이 나왔다. 떠날 때 친구가 준거라면서….

로라는 영국 런던에서 왔단다. 고등학교를 졸업하고 법률사무소에서 비서로 일했는데 한 일년 일하다보니 이게 아닌 거 같더라고. 그래서 인도로 오게 되었단다. 남인도 케랄라 지방에서 2달, 그리고 다람살라에서 2달 총 4개월 동안 인도에 있었다고. 이제 델리로 돌아가면 한 10일 있다가 영국으로 귀국할 거라고….

영국에 가면 그동안 사 모은 인도 액세서리들을 해변에서 팔아 다음 여행의 여비를 마련할 거라고 했다.

다음에는 어디 갈 꺼데?

"아프리카의 탄자니아."

나는 이제 20이 갓 넘은 그녀의 인생이 수많은 길들로 펼쳐지길 진심으로 빌며 내가 가지고 있던 쿨라 세이커의 카세트테이프를 빌려주었다.

그들이 지금 오고 있다고 나는 그 말을 할 수 있을 뿐이네
내 꿈의 은빛 실타래에 감겨 나는 침대 밑을 바라보고 있었네
당신이 그전에 느꼈던 것처럼 그런 나의 느낌
이것은 먼 길이라네, 집으로 돌아오기 위한 긴 여행
흘러가는 의미의 이미지에서

시를 보려고 노력했지
만약 당신이 보이지 않는 그를 느낀다면
그곳에 돌을 던져 당신의 생각을 깨워
만약 당신이 그의 계획에 어떻게 들어갈 수 있을지
알기 위해 힘껏 노력한다면
이것은 먼 길이라네, 멀고 외로운 길
당신이 사랑하는 장소를 발견하기 위해서는 시간이 필요하지
하지만 만약 당신이 지금 느끼는 것을 믿는다면
시간이 걸린다는 것을 알아야 해
당신이 사랑하는 그 곳으로 가기 위해서
이것은 먼 길이라네. 집으로 돌아오기 위한 먼 여행

- 쿨라 세이커의 hollow man 중에서….

20. 더러운 델리

다시 도착한 델리에서 나는 자비드와 유끼의 안부를 묻기 위해 호텔 포튜나를 찾았다.
그러나 압둘로부터 자비드와 유끼는 아직 스리나가르에 있다는 소식만을 전해 들었을 뿐이다.
리쉬케쉬까지 가는 버스는 저녁에 출발하고 임씨 아저씨마저 전에

알던 한국 유학생 집에 잠깐 들렸다 오겠다고 했으니 하릴없이 오후 시간이 붕 떠버린 셈이었다.

어쩔 수 없이 압둘의 사무실에서 시간을 죽여보기로 했다.

손님이 없다는 압둘의 말대로 사무실은 한산했으나 간간히 이스라엘인 여행자, 프랑스인 배낭족 등등이 들러서 다람살라나 자이푸르, 아그라로 가는 버스표 가격을 물어보았다.

그러나 그들은 가격을 묻고는 철새 떼처럼 일어나 다른 여행사로 가버렸다. 공정한 가격을 알아보겠다는 것이었다.

"봤지? 이제 메인 바자르에서는 저런 싸구려 손님들밖에 없다구. 저들은 10루피 20루피를 절약하기 위해 하루 종일 여행사를 알아보는 족속들이야."

나도 그런 여행자인 관계로 예의상의 웃음을 지었다. 그러자 압둘의 푸념은 다시 이어졌다.

"3년 전 여기서 무슨 일이 일어났는지 알아? 아마 넌 믿지 못할 거야. 3년 전 이 호텔은 무너졌지.

그래서 3명의 이스라엘 여행자와 독일인, 말레이시아인 그리고 1명의 카시미리가 죽고 다른 사람들은 부상당했어.

그 중 한 명은 나의 사촌이었지. 1명의 카시미리….

그때도 우린 이 호텔에 여행사를 가지고 있었고, 카펫과 보석상점도 가지고 있었어.

그러나 호텔의 붕괴와 더불어 모든 것이 무너져 내렸어.

경찰이 왔지만 아무도 호텔이 왜 붕괴되었는지 알 수 없었어.

누군가가 말했지.

그것은 폭탄 때문이었다고. 카시미르인이 설치한 폭탄.

인도에서 우리는 이방인이야.

인도인은 카시미리를 좋아하지 않아.

그리고 메인 바자르에서 관광객들은 인도인을 신뢰하지 않지. 그들은 바보야. 내일은 생각하지 않고 오늘만 이득을 보려고 해.

그런 태도가 메인 바자르의 모든 비즈니스를 무너지게 만들었어.

난 이 비즈니스를 떠나고 싶어.

가끔 난 너무 머리가 아파. 생각을 너무 많이 하기 때문이야.

그러나 난 다시 내 인생을 건설할거야.

난 이 호텔 포튜나를 떠나 코넷 플레이스로 갈 거야. 그리고 그 곳에 다시 여행사를 차리겠어.

이름은 트레일 파인더… 길을 찾는 사람 그리고 그 밑에 이렇게 쓰겠어. 로맨스 오브 트래블….

사람들은 분명히 그 간판을 좋아할 거야.

거리에서 그들은 그 문구를 읽고는 미소를 띠겠지. 난 그걸 알아."

그러나 여전히 압둘의 어두운 표정은 씻어지지 않았다.

나는 먼지가 풀썩이는 메인바자르를 쳐다보았다. 흰 소들이 어슬렁거리고 있었고 상인들은 관광객에게 하나라도 더 팔려고 악을 쓰며 호객행위에 열중하고 있었다.

그리고 세계각지에서 모여든 배낭족들은 메인 바자르의 상점에서 사입은 헐렁헐렁한 인도 옷에 레게파마를 한 채 놀란 강아지처럼 눈을 부릅뜨고 이국의 정취를 맛보며 노 탱큐를 연발하고 있었다.

우리에게는 잠시 스쳐가는 인도였지만 여기를 사는 카시미르인 압둘에게는 하루하루 치열한 현실이었다. 그리고 그 돌파구는 여전히 의문에 싸여있었다.

델리에서는 복통이 나지, 그리고 거리는 지저분하고.

하고 로라는 버스가 델리에 도착하자마자 그렇게 말했다. 그러나 그것이 바로 우리들이 외면할 수 없었던 인도의 현실 중 하나였다.

21. 강가에서

여러 번 써 봤지만 이번 차트는 쓰기가 힘들다.

쓰기 전에 마음이 아려오는 것을 멈출 수 없기 때문이다. 그래서 여러 번 썼다가 지우고 다시 쓰기를 반복한다. 여행은 끝났지만 그 곳에서 만난 인연들은 아직도 이어지고 있다. 리쉬케쉬에서 만난 나의 요가스승인 라데도 마찬가지였다. 그런데 리쉬케쉬에 머물고 있을 줄 알았던 라데에게서 최근에 이메일이 왔다. 그는 이제 바라나시에 있고 그의 눈의 상태가 악화되었다는 것도….

> 요즘 나는 갠지스 강변의 바라나시에 머물고 있어.
> 당신이 떠난 다음에 나는 두 달 동안 다른 요가 레슨수업을 하지 못했어.
> 기관지 알레지 덕택에 항생제를 복용해야 했고, 거기에서 회복된 다음에는 보름동안 눈이 많이 아팠어.
> 그래서 매일 4가지 안약과 3가지 알약을 처방받았지. 안과의사가 말하기를 그것을 몇 달 동안 복용해야 한 대. 그런데 이런 약들은 내게는 너무 비싸. 그래서 경제적인 부담이 되어서 여기 저기 돈을 꾸고 있지만 어떻게 해야 할런지 모르겠어.
> 내게 당신의 나라와 그 곳 사회에 대해 말해줘.
> 그리고 만약 내가 당신에게 어떤 도움이라도 된다면, 언제든지 연

락해. 나는 당신의 경험과 생각을 함께 나누고 싶어.
사랑이 아름다움의 빛 속에 있는 무한한 순수를 발견하고 펼쳐나가길 빌며.

– 사스왓

그리고 한국에 있는 나는 이제 시간과 공간이 다른 지구의 어느 한 편에서 힘들어 하고 있는 그를 지켜보아야 한다. 모르겠다. 지금이라도 누군가가 라데를 도와주기만을 기도할 뿐이다. 가왈의 빙하가 녹은 물이 맹렬하게 흐르던 리쉬케쉬에서 이제 어머니 갠지스의 안온하고 평화로운 흐름으로 흘러들어간 그가 마음의 평화를 찾기를….
아니, 이건 그의 전공이었지. 영혼과 마음의 안식을 찾고 그것을 가르치는 일….
리쉬케쉬…. 히말라야의 빙하가 녹아 그 물이 어머니 강인 겐지스강으로 가기 전에 경유하는 곳, 한때 비틀즈가 인도음악을 배우기 위해 요기에게 가르침을 받은 곳, 그리고 '버드랜드'에서 스티브 로드가 인진과 헤어진 후 찾은 힌두의 성지…(그는 거기에서 가짜 사두를 만나 곤욕을 치른 후 진정한 깨달음은 자기 안에 있다는 것을 알게 된다.)
그러나 내가 스티브 로드를 통해 상상했던 가짜 사두대신 나는 리쉬케쉬에서 눈먼 수행자인 라데를 만나게 되었다.
임씨 아저씨가 마이꼬를 찾는 것을 포기하고 리쉬케쉬를 떠난 후 나는 인도에 온 김에 요가나 명상법을 배워볼까 하고 아쉬람이나 요가

강습소를 기웃거리고 있었다. 그때 내가 묵고 있던 강가 게스트 하우스 주인인 강가가 몇 달 전에 자기 집에 묵었던 요가 선생님이 있다고…. 자기가 보기로는 리쉬케쉬에 차고 넘치는 상업적인 가짜들보다 훨씬 나을 거라며 라데를 추천해 준 것이었다.

나는 처음 라데가 장님이라는 데 놀랐고 그 다음에는 박식한 지식과 그가 구사하는 고급영어에 놀랐다. 게다가 그는 어떤 편견이나 인습에도 사로잡히지 않은 자유롭고 합리적인 사고방식을 가지고 있었다. 그는 요가선생이라기 보다는 지식인에 가까운 모습이었던 것이다.

22. 밤은 천개의 눈을 가지고 있다.

사랑하는 아들아, 벌이 서로 다른 나무들의 정수를 모아 그것을 하나로 합침으로써 꿀을 만드는 것처럼 '나는 이 나무의 정수다.'라든지 '나는 저 나무의 정수다'라고 구별해서는 안 된다. 더욱이 여기 있는 온갖 생물들은 스스로 존재하고 있음에도 불구하고, 자신들이 존재에 이르렀다는 사실을 모르고 있단다.

----- [우타니샤드] 중에서 -----

리쉬케쉬에 도착한 후 사흘째부터 나는 라데에게 요가와 명상에 관한 일주일간의 집중 교육을 받기로 했다. 사실 도통하려면 한 달, 일년 가지고도 모자라겠지만 어설픈 여행자인 나로서는 도통하는 것보다는 이것저것 경험해보는 수박 겉핥기식의 치기를 즐겼다고 해야 할 것이다. 암튼 매일 아침, 나는 락시만 줄라의 다리를 건너 라데가 살고 있는 아쉬람으로 출근하는 생활을 반복했다. 라데가 살고 있는 아쉬람의 방은 눈이 보이는 정상인인 내가 묵고 있는 여관방보다 훨씬 깨끗했으며 모든 물건들이 제자리에 정돈되어있었다.
그 방에서 약 3시간동안 나는 요가와 명상법을 배웠다. 맨 첫날 라데는 내게 힌두교에 대한 대략적인 설명을 해 주면서 [바그다드 기타] [리그베다] [우파니샤드] [베난다] 등에 관해 간략하게 언급했는데 정신없는 장정혜가 그것을 기억하기는 만무한 일…. 암튼 장정혜

는 삐거덕대는 몸을 이끌고 세계에서 유연하기로 소문난 요가에 도전하고 있었다. 기본적인 체조동작도 힘든 내게 요가는 무리였겠지만 라데는 요가를 단순히 운동이라고 보지 말고 정신을 맑게 해 주는 수행의 하나로 생각하라며 잘 움직여지지 않는 나를 위로해 주었다. 요가 동작은 들숨과 날숨사이의 호흡이 정지되었을 때 이루어지는 것으로 이러한 호흡의 조절을 통해 혈액순환을 원활히 하여 신체의 활성화에 도움을 주는 것이었다. 실제로 근 2시간동안 요가를 해보니 정신이 맑아지는 것을 느낄 수가 있었다.

나머지 한 시간은 이른바 명상요법에 바쳐지는데 라데는 이 명상요법에 들어가기 전 항상 고통 받는 사람들을 위한 기도를 빠트리지 않았다. 지금은 가물가물하지만 이 명상요법은 주로 상상을 동원하는 작업이었다. (좀 불안해지기 시작하는군. 장정혜가 얼마나 왜곡되게 기억하는지 장정혜로서도 알 길이 없기 때문)

예를 들어 자신의 존재가 점점점 기원으로 내려가 태초의 어머니 자궁까지 빠져드는 체험이라든지, 산기슭에 누워 내려쬐는 태양의 빛이 점점점 자신의 신체와 영혼에 집중되어 결국 빛이 되는 상상이라든지…. 혹은 어떤 주문 같은 발성요법으로 몸의 기를 활성화시키는 뭐 그런 거였는데 2시간 동안의 요가라는 신체활동을 하고 정신적으로 집중력을 요하는 정적인 명상에 돌입하다보니 조는 일이 잦았다.

얼마간 시간이 지난 후 라데가 명상 잘 했냐?고 물으면 나는 쑥스럽게 또 잤는데여…. 그래서 기대를 배반하곤 했다.

하지만 라데는 그때마다 껄껄 웃으며 가장 좋은 명상은 릴랙스한 상태이니 잠도 좋은 명상법이라고 억지로 위로를 하는 것이었다.

암튼 리쉬케쉬에서 일주일간의 요가와 명상이 나의 정신세계를 얼마만큼 넓혀주었는지는 알 길이 없으나 나는 라데라는 사람을 만난 것이 흥미로웠고, 교습이 끝난 뒤에는 강가 강이 콸콸콸 흐르는 전경을 볼 수 있는 강가 레스토랑에 가서 점심을 먹으며 이 얘기 저 얘기를 나누었다.

한번은 라데가 나에 대해 알아봐야겠다며 여러 가지 질문을 던졌다. 한국에서는 무엇을 했느냐, 여행 중 무엇을 보았느냐 뭐 그런 것도 있지만 가장 기억나는 질문은 어떤 동물을 가장 좋아하느냐하는 것이었다.

나는 소넨마르그 초원 위에서 놀고 있던 그들을 떠올리며

"흰 말요."

라고 하니 라데가

"당신은 슬픈 사람이군요."

하는 것이 아닌가. 음…. 그런가…. 흰 말은 슬픈 것인가….

그리고는 그 모든 나의 이야기를 종합하더니 내게 인도식의 이름을 지어주겠다는 것이다.

"당신의 이름은 스루자니입니다. 창조하는 사람이라는 뜻이지요."

음…. 과히 나쁘지 않은 이름이었다.

암튼 슬퍼하는 스루자니는 눈 먼 라데의 이름의 뜻을 물어보았다. 라데는 자신의 본래 이름은 스와트이고 라데는 시바신의 부인의 이름이라고 말해주었다.

그리고 라데는 눈이 멀기 전 스와트의 삶에 대해 이야기 해 주었다.

스와트는 본래 인도 어느 지방 호족의 자손으로 태어났다. 영국 침략시대에 젊은 호족이었던 그의 조상은 대부분의 땅을 잃었지만 그 후에도 그의 친지들과 부모님들은 얼마간의 재산으로 생활을 영위한 귀족 출신이었다. 그리고 그는 훌륭한 부모님 밑에서 독자로 행복한 유년시절을 보내었다. 그런 그가 무언가에 눈을 뜨기 시작한 것은 12살 때였다. 부모님과 어딘가로 여행하기 위해 기차에 올라탔는데 난리 복세 통인 그 기차안의 혼돈 속에서도 가만히 정좌하고 있는 한 노인이 눈에 들어왔다. 호기심 많은 소년은 그 사람에게 다가가 대체 무엇을 하고 있길래 당신 주위의 공기에는 정적이 감돌고 있냐고 물었다. 그는 말하기를 지금 명상중이라는 것이었다. 그리고 소년은 철없이 말하기 시작했다. 저도 그 명상이라는 것을 배울 수 있을까요? 그 한마디가 라데의 나머지 인생을 좌우한 것이었다. 라데는 13살 때부터 부모님의 허락을 얻어 그 스승을 따라 전국을 떠돌기 시작했다. 일이 또 그렇게 될려고 그랬는지 17살에는 부모님이 돌아가셨다. 이제 부유한 소년 라데는 천하에 아무도 없는 고아 청년으로 성장해버린 것이었다. 그러나 그는 여전히 명철했으며 촉망받는 젊은이였다. 20살이 되자 그는 인도 정부의 장학금으로 강연을 하며 유럽여행을 하는 혜택을 받기도 했던 것이다. 그러나 영광의 순간은 너무나 짧았다. 22살 때 자동차 뒷좌석에 앉아있었던 그는 교통사고로 두 눈을 실명하고 만 것이었다. 앞좌석에 앉은 승객과 운전사는 그 자리에서 즉사하고 말았다. 그때부터 라데는 장님이 되었고 자신이 배워온 요가와 명상을 사람들에게 가르쳐 주면서 생계를 유지했다.

"내가 안에 있는 무언가를 더 보기를 원했기 때문에 어떤 멍청한 운명의 신이 나를 장님으로 만들었는지도 모르죠."

라데는 웃으며 그렇게 말했다.
그리고 그는 지칠 줄 모르는 호기심으로 인도의 역사와 정치, 현 세태에 관한 자신의 관점을 피력하더니 지금 우리가 있는 이 자리에 관해 설명해 달라고 했다.
나는 떠듬거리며 말했다.
"우리는 지금 어느 레스토랑의 발코니에 앉아있어요. 발코니 밑으로는 강가 강이 맹렬하게 흘러가구요, 그 강 위에는 현수교가 두개 걸려있는데 그 중 하나가 우리와 가깝게 있지요. 사람들은 주황빛 옷을 입고 물에 들어가 입욕을 하고 있구요, 그 중 어떤 사람들은 붉은 꽃잎을 강물에 흘려보내고 있어요. 그리고 우리가 있는 레스토랑 바로 옆에는 높은 아쉬람 건물이 있는 데 십 몇 층은 되어 보이는 것 같군요. 곧 무너질 것처럼 위태로운 건물이에요. 그래도 사람들은 그 건물을 올라가며 층마다 매달린 종을 치고 있답니다. 그리고 그 종소리는 나보다 당신이 더 잘 들을 수 있겠지요."
그리고 나는 축복처럼 라데의 입가에 번지는 온화한 미소를 목격할 수 있었다.

23. 용은 바로 여기에 있어.

"마이클."

락시만 줄라의 다리로 넘어가기 전이었다.

마이클이 만면에 웃음을 띈 채 길거리의 개들과 놀고 있지 않은가. 인도인들만 있는 그 거리에서 그런 한가한 행동은 꽤나 우스꽝스러웠지만 그 태연스런 여행자는 분명히 마이클이었다.

임씨 아저씨와 리쉬케쉬로 가는 버스를 탈 때 만난 이스라엘 여행자. 무거운 짐을 지고 낑낑거리고 있을 때 그는 단출한 배낭 하나와 기타 하나를 짊어지고 유유자적 하길래, 임씨 아저씨가 재미있는 놈 같다며 내게 말을 걸어보라고 부추겼던 것이다. 아무래도 발음은 니가 낫지 않겠냐며… 하하하….

그래서 얘기해 본 바에 의하면 마이클은 군 제대 후부터 인도를 비롯한 그 주변 국가를 떠돌기 시작하여 지금은 여행경력이 3년째에 접어들고 있다고. 그동안 여기저기를 다니며 주로 요가와 명상에 대해 배우고 있는데 리쉬케쉬에 도착하면 아는 아쉬람에서 며칠간 묵은 후 데라듄에 있는 요가 스승을 찾아갈 계획이라고 했다. 역시 수행을 많이 해서인지 마이클의 눈은 맑고 평온한 기운이 있었다.

리쉬케쉬에서도 언젠가 한번은 마주칠 수 있으려니 했는데 오늘에야 개와 놀고 있는 그를 발견한 것이었다. 마이클도 반가와 하면서 임씨 아저씨 안부를 물었다.

사실을 말하자면 임씨 아저씨는 리쉬케쉬에서 적지 않게 실망한 모양이었다.

가는 날이 장날이라고 다가오는 페스티벌 때문에 몰려든 순례객들의 무리에 놀랐고, 그 다음날부터는 마이꼬를 찾기 위해 나와 함께 리쉬케쉬에 있는 큰 아쉬람과 요가 강습소는 다 뒤지고 다녔으나 마이꼬의 그림자도 발견하지 못했던 것이다. 그러자 의기소침하여 리쉬케쉬는 자기랑 맞지 않는 거 같다고 다람살라를 그리워하더니, 문득 방향을 선회하여 델리로 돌아가야겠다고 했다.

왜 또 델리에여?

"거기 내가 아는 한국 유학생이 있는데, 걔가 내 인연인 것 같아."

정류장에 오면서 유학생에게 3000루피를 강탈당했다고 투덜거리더니 그 유학생이 바로 임씨 아저씨가 찾던 인연이었나 보다.

그 여학생은 서울에서 미대를 졸업하고 지금은 델리 박물관 산하기관인 아트 스쿨에서 그림을 공부하고 있다고….

"걔가 마 그카더라. 내가 딱 지 타입이라고. 나도 가가 맘에 들대. 사실 뭐 이쁜 것도 없지만 아도 야물딱지고 뭣보다도 성격이 내캉 맞는기라. 그라만 됐제. 안 그러나. 이번에 델리 찾아가면 아예 프로포즈를 해버릴까. 하나 책임질 돈은 모아 놨다 아이가."

음…. 노총각의 애절한 사모가를 듣다보니 나도 모르게 아저씨에게 용기를 북돋아 주어야겠다는 생각이 들었다. 그래서 인연이라고 생각되면 지체하지 말고 대쉬하라고 타일러서 그 다음날 나는 외로운 늑대 한 마리를 델리로 가는 버스에 태워 보낸 것이다.

그 후로 임씨 아저씨로부터 소식이 없다.
델리의 그 처자와의 일은 잘 마무리되어 지금쯤은 꿈에도 그리던 결혼을 하였을까, 아니면 아직도 엉뚱하게 제 2의 마이꼬를 찾고 있으려나… 모를 일이다.

암튼 이런 저런 이야기를 하자 마이클은 웃으면서 사람들은 다 자기가 찾고 있는 것을 언젠가는 발견하게 된다고 수준 높은 답을 해 주었다.
그리고 우리는 길가에서 노는 개들을 버려두고 내가 묵고 있는 숙소 앞의 카페로 가서 이야기를 나누기로 했다.
리쉬케쉬는 철저한 힌두사회라 달걀 하나도 반입이 힘들만큼 철저한 채식을 고집한다. 그러나 내가 묵고 있는 숙소의 이 식당은 달걀은 물론이고 닭고기, 양고기 등 관광객들 위한 다양한 육식식단을 자랑하고 있었다. 그래서인지 손님들도 서양 관광객이 대부분이었다. 이들은 리쉬케쉬에 머물며 요가나 명상, 전통 인도음악 등을 배우곤 했는데 해질녘이 되면 옥상에서 그날 배운 요가동작을 복습해보는 그들을 종종 목격할 수 있었다.
마이클은 내가 배우고 있는 요가와 명상에 관심을 피력하면서 잘 하고 있냐고 물었다.
"아니, 요가 할 때는 온 몸이 비거덕 거리고 명상할 때는 잠만 와."
그러니까 또 웃으며 차츰 익숙해질 거라고 했다.

그러면서 자기가 했던 여행에 관해 이것저것 이야기해 주었다. 함피가 좋았다는 이야기…. 함피에는 하쉬쉬를 하며 장기체류하는 히피들이 많은데 자기는 절제하며 노을이 질 무렵에만 하쉬쉬를 했다고. 바위에 올라 하쉬쉬를 하며 붉게 떨어지는 태양을 바라보는 그 기분은 정말 굉장한 것이었다고 했다. 그리고 다음에는 오리샤로 가고 싶다고 했다. 오리샤 어느 마을에 70년대의 히피들이 낳았던 자녀들로 이루어진 2세대 히피 공동체가 있다는 것이었다. 그 곳을 한번 방문해보고 싶다고….

나도 뭐 재미있는 이야기가 없나 하고 뒤지다가 임씨 아저씨가 내게 해준 용을 찾고 있는 50살 된 스위스 남자에 관해 이야기하기 시작했다. 그러자 의외로 논리적인 마이클은 터무니없다는 반응을 보이며 갑자기 웃통을 벗었다.

"왜 그렇게 오래 동안 용을 찾지? 눈만 좋으면 용은 금방 발견할 수 있는데. 용은 바로 여기 있잖아."

그렇다. 용은 바로 그의 어깨 위에 문신으로 새겨져 있었다. 여의주를 물고 있는 청색용이었다.

언젠가 내 동생이 말해주었던 찾기의 3원칙이 생각났다. 무언가를 잃어버리고 허둥거리고 있으면

첫째, 그 물건을 잃어버린 시점까지 차근차근 추론해본다.

둘째, 그래도 실마리가 보이지 않으면 내버려둔다. 즉 시간의 법칙.

언젠가는 나타난다.
세 번째, 이것이 내가 생각하기로는 가장 적극적인 해결책인데 그것은 바로 대용품을 찾는다… 였다.
인생에는 자신이 추구하는 것을 바라보며 끝까지 찾아가는 사람도 있고, 추구하는 것의 불가능함을 미리 간파하고 재빨리 그 대용품을 가짐으로써 만족을 얻는 무리들이 있다. 어떤 편이 더 행복한 것일까.
그러자 마이클은 나더러 지나치게 심각하다고 다시 웃기 시작했다.

24. 내 나무의 뿌리는 가족

리쉬케쉬에서 점심은 거의 강가 레스토랑에서 먹었다. 라데의 아쉬람과 가깝기도 하고 경치도 좋고 가격도 쌌기 때문….
그런데 우리가 앉아있는 베란다 한쪽 편에 웬 동양여자가 서양남자와 함께 커피타임을 즐기고 있는 것이 아닌가. 그들은 서로를 바라보며 정말 유쾌하게 웃고 있었다. 그 웃음소리를 들더니 라데가
"영선?"
하고 물었다.
그러자 영선이 뒤돌아보았다.
영선도 라데를 아는 듯 둘은 잠시 인사를 나누었다.
그리고 나도 이 한국인 아가씨 영선과 인사를 나누게 되었다.

라데는 영선이 눈에 보이지는 않지만 그녀의 목소리와 웃음소리를 듣고 있으면 좋은 에너지로 충만한 사람이라는 것이 느껴진다고 했다.

라데의 말대로 내 눈으로 본 영선도 거침없고 쾌활하고 언제나 웃음소리가 떠나지 않을 것 같은 시원스런 사람이었다. 까맣게 그을린 얼굴에 웃음 지을 때면 나타나는 싱그러운 입가의 선들이 퍽 아름다웠다.

영선은 리쉬케쉬에서 한국 사람을 만난 것이 꽤 오랜만이라며 반가워하다가 라데와의 식사를 마치고 자기가 묵고 있는 아쉬람으로 놀러오라며 방 번호를 가르쳐주고 갔다.

라데에게 듣기로는 영선은 지난겨울부터 리쉬케쉬에 머물고 있으며 (그 때는 이미 8월이었다) 같이 온 벨기에 남자 산토스와 마찬가지로 둘 다 화가라는 것이었다.

나는 라데를 아쉬람까지 데려다 준 후 영선이 묵고 있다는 아쉬람을 찾았다.

그녀는 밝은 웃음으로 나를 환대해 주었다.

버너에 물을 끓이며 차 한 잔 하겠냐고도 하고 작은 트랜지스터라디오에 테이프를 꽂으며 듣고 싶은 음악이 있냐고도 물었다. 그녀가 묵고 있는 방에는 책장도 있어 한국에서 가져온 열댓 권의 책들이 꽂혀져 있었는데 그것은 미술사로부터 철학, 문학에 이르기까지 다양한 분야를 망라하고 있었다. 나는 오랜만에 친구 자취방에 온 것 같은 편안함을 느껴 한잠 자기도 했다. 잠이 깨고 나서 나는 차를 마시며 그녀와 정말 오랜만에 이것저것 한국말로 담소를 나누었다.

"내가 인도에서 만난 사람들의 대부분이 열한 살 무렵에 소중한 사람을 잃은 상처들을 가지고 있었죠. 참 우스운 우연이죠? 내가 열한 살 때는 아버지가 돌아가셨어요. 그 후 어머니는 절로 가셔서 스님이 되셨죠. 산토스도 마찬가지에요. 산토스는 열한 살 때 어머니가 교통사고로 돌아가셨어요. 그 때 산토스의 아버지는 목사님이었죠. 그리고 예전에 이 아쉬람에서 만난 스위스인 부부도 그와 비슷한 기억들을 가지고 있었어요. 가끔 난 그 일들의 연관성들을 생각해보면 이상한 느낌이 들곤 해요."

그러면서 영선은 그녀가 그린 그림 하나를 보여주었다. 그것은 커다란 나무 밑동이 어머니의 자궁처럼 열려 가족들이 태아처럼 웅크리고 있는 그림이었다.

영선은 자기 집은 종교 박람회장이나 다름이 없다는 것이었다. 영선의 어머님은 스님, 그리고 외삼촌은 목사님이고 이모는 수녀님이니…. 그 끼가 자신에게도 이어졌는지 인도의 이러한 종교적인 분위기가 왠지 낯설지 않다고….

중국에서 그림을 공부할 때는 어둠의 밑바닥까지 내려가 보았다고 했다. 하루 종일 지하 작업실에서 그림을 그리다가 배고프면 음식을 찾아먹고 다시 그림을 그리고…. 그렇게 몇 달을 하니까 그림은 많이 향상되었는데 사람들이 그 그림을 보고 그로테스크한 감수성을 가지고 있다고 평하더라고….

인도에 와서도 작년 겨울동안은 많이 힘들었다고 했다. 자신도 주체할 수 없을 정도로 신경이 곤두서 있었고 바닥까지 가라앉아가는 느낌이었다고, 그때 함께 있던 스위스인 부부와 산토스가 많은 도움을 주었다고…. 그러나 그 시기가 지나고 나자 새로운 빛이 눈에 들어오는 것 같았다고 했다. 나는 벽에 붙어있는 영선의 습작들을 보며 그림들이 중국에서 그리던 단색 톤에서 탈피하여 다양한 컬러 톤을 가지게 된 것을 보았다. 그 중에서도 특히 화려한 자주색과 분홍빛이 섞인 추상이 보였는데 그 작품에 대해 묻자 영선은 웃으며 그것은 산토스의 것이라고 했다.

"몇 개월 전에 산토스는 휘발유를 마셨어요."

"예? 왜요? 자살하려고 했나요?"

"아뇨. 그때 그는 컬러에 미쳐있었거든요. 믿기진 않겠지만 휘발유의 그 색깔이 너무 예뻤다는 거예요. 이 그림을 보세요. 요즘 그의 그림은 너무나 밝아요. 우스운 건 그가 그림에 점점 더 깊이 몰두하면 몰두할수록 색깔들이 마치 폭탄을 터트리는 것처럼 작열한다는 것이에요. 이젠 좀 나아졌지만요."

나는 그녀의 그런 말을 조금 이해할 듯도 싶었다.

나 역시 그런 미친 짓을 했던 시기가 있었으니…. 아니 지금도 마찬가지 일까…. 1년 동안 쓰기만 하면 물들로 흥건해진 암흑 같은 글들만 나왔다. 나중에는 지하에 살던 시기라 햇볕이 없었다는 말로 위안하곤 했지만…. 누구나 인생에 그런 시기가 있는 것이다. 사다리를 타고 깊이깊이 심연으로 내려갈 때가. 그리고 그 어둠속에서 눈을 치뜨고 빛을 발견하려고 기다리는 시기가….

진정한 위로는 진정한 슬픔에서 나온다. 진정한 빛은 진정한 어둠에서 잉태된다. 뭐… 그런… 공식들….

그로부터 5개월 후에 나는 영선과 방콕의 카오산 로드에서 재회하게 되었다. 그때 영선은 산토스와 함께 길거리의 불량(^^)음식 볶음국수를 먹고 있었다.

내가 아는 체를 하니 기뻐하면서

"저 몸이 많이 불었지요? 실은 임신했어요. 한국으로 출산하러 가는 길이에요."

라고 말하는 것이 아닌가.

나는 그녀의 아기를 축복하면서 영선이 언젠가 그린 적이 있었던 그림 속의 어린 소녀를 떠올렸다.

"아이는 어디서 키울 거예요?"

그러니 그녀는

"아무래도 한국보다는 인도가 아이가 크는데 좋을 것 같아요. 다시 인도로 돌아갈 거예요."

하고 말했다.

나는 산토스와 영선의 아트만(영혼)을 간직한 그 성스러운 생명체를 기대하며 '내 나무의 뿌리는 가족'이라던 그림의 제목을 떠올렸다.

25. 안녕이라고 말할 시간

창밖에는 비가 내리고 있었다.

나는 라데의 방안에 앉아 노트북을 켜고 라데가 불러주는 말들을 타이핑하고 있었다.

오늘은 라데와의 마지막 레슨.

이 시간이 지나면 나는 저녁 버스로 델리로 돌아간다.

그래서인지 라데는 나에게 마지막 비서 일을 시켜야겠다고 단단히 작정한 모양이었다.

이제까지 온 자기 메일을 읽어주고 그에 대한 답장을 해주는 일….

이메일은 눈이 어두운 라데에게 세상과 연결해주는 또 하나의 귀중한 통로였다. 물론 그때마다 그것을 확인하고 도와줄 어시스턴트들이 필요하겠지만….

나는 그날 라데의 요청에 따라 약 8통의 편지를 써야했는데 그 중 두통이 잡지 '나마스떼'의 편집에 관련된 것이었고 나머지는 그의 제자들이었던 영국인, 이스라엘인, 호주인 부부 등등에 대한 답장 및 격려였다.

그런데 그 편지들을 독수리 타법을 능가하는 거북 독수리 타법에다 철자까지 일일이 확인하며 치려니 속도가 장난이 아니었다. 결국 꼬박 3시간이 걸리고 말았다. 날은 점점 어두워오지, 비는 거세지지…. 락시만 줄라 다리를 넘어 반대편에 있는 게스트 하우스까지 갈 엄두가 나지 않았다. 게다가 영선에게 마지막 인사도 해야 되는데….

좀 짜증을 냈더니 라데도 눈치 챘는지 천연덕스럽게 그럼 내일 떠나라고 말하는 것이 아닌가.

그러나 할 때는 몰아서 다 해버리는 성격인지라 그날은 꼭 델리로 가야할 것만 같은 불길한 예감이 들었다.

마침내 8통의 편지를 다 쓰고 나니 비는 그쳤지만 창밖에는 어둠이 몰려와 있었다.

나는 어떻게 저 어둠을 뚫고 산골짝에 있는 숙소까지 돌아가나 하는 생각뿐이었다.

그러나 라데는 마지막 인사를 하는 나를 보며 찹찹한 마음이었었나 보다.

그 큰 체격에 돌처럼 흔들림 없이 마음의 평정을 유지하던 라데가 갑자기 어머니를 잃은 아이처럼 말하는 것이 아닌가.

"스루자니(나의 인도이름), 그동안 나를 많이 도와줘서 고맙소. 당신이 떠나고 나면 누가 나를 돌봐줄 수 있을런지 모르겠군. 이 곳은 장애자인 내가 살아가는 데 너무 많은 불편과 불합리가 있으니 말이요. 저번에 당신도 우체국장을 보았죠? 그에게 부탁한 일이 벌써 두 달을 끌고 있어요. 난 누군가가 필요하오. 그래서 매일 그것에 대해 기도하지만 모르겠소. 당신은 내게 아주 특별한 사람이었소. 언제나 기억하겠소. 그리고 앞으로도 힘든 일이 있거나 삶에서 어려운 일에 부닥치면 내게 연락해요. 내가 알고 있는 가르침을 전해 주겠소."

그러더니 라데는 자기 가방 속에서 카메라를 꺼내 달라고 부탁했다.

내가 캐논 자동카메라를 그의 손에 넘겨주자 그는 조심스럽게 카메라를 쥐었다. 그리고는 내가 카메라 앞에 서 있냐고 물었다. 나는 그렇다고 말했다. 그러자 라데는 나를 향해 조심스럽게 카메라 셔터를 눌렀다.

"라데, 왜 사진을 찍는 거죠? 사진이 찍혀도 당신은 그것을 볼 수 없잖아요."

그러자 라데는 어리석은 나의 질문에 현자의 미소로 답했다.

"맞아요. 난 당신의 사진을 볼 수 없겠지. 하지만 그 누군가가 이 사진을 볼 수 있을 거고 그는 내게 당신이 어떤지에 관해 이야기해 줄 수 있을 것이요. 그러면 난 더 잘 당신을 기억할 수 있겠지. 그러나 난 이미 당신이 어떤 사람인지 알고 있소, 스루자니."

나는 라데를 포옹하며 마지막 인사를 나누었다.
아쉬람의 방을 떠날 때 라데는 여전히 방안에서 나를 지켜보며 서 있었다.
그리고 오랜 후 그 육중한 방문이 닫히었다.

나는 어두운 밤길을 걸어오며 라데를, 그리고 라데의 사진기 속에 찍혀져 있던 필름들을 생각했다.
나는 그 필름의 처음도 아니고 끝도 아니었을 것이다. 그는 그렇게 자신을 찾아온 사람들을 맞이하고 보내었을 것이다. 볼 수 없는 마음의 사진을 찍으면서… 어둠속에서 갠지스의 강물이 흐르는 소리가 더욱 더 맹렬하게 들려왔다.

26. 폭탄이 터지다.

델리로 가는 로칼 버스는 마치 피난민들이 타고 가는 버스 같았다.
유리창도 제대로 없는 그 헐벗은 버스 칸에 숙소에서 만났던 이탈리아인이 앉아서 심란한 표정으로 담배를 피우고 있었다.
"서양고전 음악은 꽉 짜여있는 형식의 음악이라고 할 수 있지요. 그런데 인도의 라가는 달라요. 인도의 라가는 경계가 없이 무한하게 흘러가지요."

“리쉬케쉬에서 다닐만한 요가 강습소라… 글쎄요. 내가 보기엔 다 고만고만한데…. 얼마전만해도 굉장히 좋은 스승이 있는 요가 강습소가 있었는데 그는 지금 유럽에 있어요. 가을쯤 되어야 다시 리쉬케쉬에 온다고 하더군요.”

몇 마디 나누지 않았지만 리쉬케쉬에 꽤 오래 있었던 듯 여러 정보를 주던 그였다.

그러나 그도 델리로 가냐는 나의 말에 고개만 끄덕이며 다시 멍한 표정을 지었다.

나는 숙소의 주방에서 일하던 함피 출신의 요리사와 함께 그 버스를 탔다.

2명 정도가 앉으면 딱 맞을 듯한 좌석에 세 명이나 끼여서…. 게다가 의자는 뒤로 젖혀지지도 않는 강직한 90도를 유지하고 있었다.

거의 12시간이 걸린 그 버스여행은 그야말로 극기 훈련의 연속….

덜덜거리는 창을 통해 들어오는 흙먼지가 얼굴과 머리에 엉겨 붙어 꼴이 말이 아니었다.

델리에 도착했을 무렵이 새벽 4시.

함피에서 온 그 인도인 요리사는 버스 정류장 근처에 있는 친구 집에서 하루 묵고 갈 거라고 했고 나는 빨리 메인 바자르의 숙소에 가서 샤워를 하고 싶은 생각뿐이었다. 버스에서 내리자마자 오토릭샤 호객꾼들이 달려들었다. 그래도 그 중에서 고르고 골라 왠지 인상이 좋아 보이는 오토릭샤 운전사의 차에 올라탔다.

"어디로 가십니까."

"메인 바자르요."

그러고 얼마 가다가 그는 모퉁이에서 자기 친구를 옆자리에 태우는 것이 아닌가.

그는 친구와 몇 마디 떠들더니 낭패라는 표정으로 뒤돌아보았다.

"어떡하지요? 메인 바자르에는 못 가겠는데요. 어제 메인 바자르에서 폭탄이 터졌답니다."

에잉? 웬 폭탄?

"저기 경찰들도 보이죠? 어제 그 사건 때문에 델리가 난리가 아니에요. 8월 15일. 독립 기념일도 가까워 오지 않습니까. 파키스탄의 이슬람교 게릴라들이 델리에 잠입했다는 소문이 있어요. 그래서 그걸 단속하려고 델리 시내 전역에 경찰이 쫙 깔렸죠."

"그래요? 그럼 코넷 플레이스라도 가 주세요."

"코넷 플레이스? 거기 가서 뭐 하게요? 지금 코넷 플레이스의 숙소들은 메인 바자르에서 피신해온 관광객들로 미어터지고 있어요. 가봤자 헛걸음만 칩니다."

"그래도 거기 가 줘요."

그러자 갑자기 운전사 표정이 험악하게 변하더니 자기가 잘 아는 숙소가 있다고 우기기 시작하는 것이 아닌가. 새벽 4시라해도 델리는 어두웠다. 게다가 그들은 외진 길만 골라서 가는 것 같았다. 앞자리에는 벌써 뭔 짓을 할 지 모르는 인도남자가 2명이지 나는 그 흔한 스위스 칼 하나도 없는 상태지…. 칼이라도 있으면 임씨 아저씨처럼 인상을 박박 쓰며 손톱 정리라도 하는 척 하며 위협을 해볼 텐데…. 어쩔 수 없이 그래, 목숨이나 살려다오. 그러며 그들이 하자는 대로 잘 아는 숙소로 갔다.

정부가 인증한 정부에서 운영하는 호텔임을 강조하면서 들어간 그 호텔은 시설이 웬만했지만 시내에서 떨어져 있는데다가 가장 싼 방의 숙박비가 700루피나 되었다. 메인 바자르에 가면 200루피로도 충분할 텐데…. 이리저리 머리를 굴리던 나는 그럼 로비에서 아침 6시까지만 쉬게 해달라고 사정을 했다. 그러자 카운터에 앉아있는 시커먼 남자의 눈썹이 찌그러지는 것이 아닌가. 그의 성질난 힌두어를 번역하는 운전사.

"안된데요. 레이디가 로비에서 불편하게 쉬다니 말도 안 되죠. 여기서 숙소를 잡으세요. 먼 길 왔으니까 푹 쉬어야죠."

웬 레이디? 이런 비참한 몰골의 레이디 봤냐. 레이디면 진작에 메리오트 호텔로 갈 것이지….

바로 그때 건장한 서양인 여행자 커플이 짐을 챙겨 체크아웃을 하고 있었다.

이때다 싶어 나는 소리쳤다.

"델리에 폭탄이 터졌나여?"

그러자 그들은 고개를 갸웃거리며 잘 모르겠다는 것이다.

이런 무식한… 아무리 여행자라도 그렇지, 폭탄이 터진 것도 몰랐단 말인가…. 그럼 이번엔 누구에게 확인을 하지?

골머리를 싸매다가 델리 시내에 전화 한 통화만 하자고 사정을 했다.

어디로?

카운터의 남자가 물었다.

메인 바자르에 있는 호텔 포튜나로….

그는 전화번호를 물었고 나는 수첩 한 귀퉁이에 적어놓았던 압둘의 번호를 알려주었다.

신호음이 갔다.

"여보세요? 거기 호텔 포튜나인가요?"

"그런데여."

"거기 압둘 있어요?"

"압둘? 압둘은 어제 밤에 나갔는데요. 메인 바자르에서 폭탄이 터져서 이 호텔에 묵던 대부분의 사람들이 나갔어여."

"아, 그래요? 그럼 압둘은 언제 오죠?"

"그걸 내가 어떻게 알아요? 나간 사람이 한 둘인가, 뭐."

아, 그랬구나.

메인 바자르에서 폭탄이 터지긴 터졌구나.

압둘이 말하길 3년 전에도 호텔 포튜나가 폭탄인지 뭔지 때문에 무너졌다고 그러더니 역시 인도란 동네가 흉악한 데구나.
그러며 안심하고 700루피를 카운터에 냈다.
호텔방에 들어가 샤워를 하고 그동안 밀린 잠을 자고 나니 아침 10시.
혹시나 압둘이 돌아와 있을까 싶어 다시 호텔 포튜나에 전화를 걸었다. 어디서 밤을 보내고 왔는지 압둘은 그때도 졸린 목소리였다.
"압둘, 무사했구나."
"무사하다니… 뭘?"
"메인 바자르에서 어제 폭탄이 터졌다며?"
"폭탄… 웬 폭탄?"
"메인 바자르에서 어제 폭탄 터져서 경찰이 수사하느라 아무도 그쪽으로 얼씬하지 못했다고 들었는데…. 그래서 관광객들은 다 코넛 플레이스로 피신하고…."
"뭔 소리야? 폭탄은 무슨… 여기서 어제 폭죽도 안 터졌는데…. 그나저나 지금 어디에 있어?"
"모르겠어…. 웬 변두리의… 정부에서 운영하는 호텔인데 말이야…."

그날 오후 코넛 플레이스로 영화를 보러갔는데 공교롭게도 스위스에서 온 여행객 2명을 만나게 되었다.
그들도 어제 델리에서 폭탄이 터진 것을 알고 있었다. 그리고 그들이 변두리의 정부호텔에 지급한 돈은 1000루피가 넘었다. 엄청난 사기 폭탄이었다.

27. 아메다바드

1월 26일, 인도 구자라트 지방을 강타한 강도 7.9도의 지진으로 구자라트 주의 중심 상업도시 아메다바드도 많은 타격을 입었다.
그러나 8월 말, 내가 보았던 아메다바드는 회교 사원이 곳곳에 서 있고, 여자들도 머플러로 입을 막은 채 오토바이를 타고 다니는 활기차고 복잡한 도시였다.
시내 곳곳에 미로처럼 생성된 골목에는 포르투갈과의 교역에 따른 영향인지 서양풍의 흥미로운 옛 건물이 많았고 시장은 이 도시의 대표적인 산업인 아름다운 옷들과 옷감으로 넘쳐나고 있었다.
다만 근대의 빠르게 성장하는 도시가 치르는 홍역인 오염문제를 아메다바드도 겪고 있어, 건물들은 두꺼운 매연에 덮여있었고, 도심 중심부를 흐르는 강은 검게 썩은 채 빈민들이 모여 사는 공터가 되어 있었다.
그리고 거리를 가득 덮고 있는 오토릭샤의 소음 때문에 한 시간만 돌아다녀도 두통이 난다던 어느 여행자의 불평이 이해될 듯도 싶었다.
그러나 아메다바드는 내가 간 인도의 도시 중(사실 많이 간 것도 아니

지만) 가장 아름다운 박물관과 가장 맛있는 아이스크림을 가지고 있는 도시였다.
그리고 오래전부터 방문해보고 싶던 건축물 다다하리 비올리라는 독특한 신전도….

사실 이 다다하리 비올리 때문에 바라나시를 포기하고 구자라트의 서부지역으로 발길 돌렸는지도 모른다.
내가 다다하리 비올리의 사진을 본 것은 대학교 3학년 때쯤…. 건축 잡지 플러스에서였다. 그 무렵 몇몇 건축가들과 시각 디자인에 종사하는 교수들이 인도 답사여행을 갔었는데 플러스에서 그 자료를 정리하여 인도 특집기사로 다루었던 것이다.
인도에는 타지마할, 산치 대탑 등 훌륭한 전통건축물이 있지만 이밖에도 르 꼬르뷔제나 찰스 꼬레아등 현대 건축의 거장들이 남긴 작품들이 있어 방글라데시에 루이스 칸이 세운 국회의사당까지 합친다면 인도는 현대 건축물을 답사하기에도 충분히 매력적인 나라였다.

암튼 나는 이 다다하리 비올리를 보기 위해 아침부터 마음이 설레었다.
아메다바드 중심부에서 40분을 들어간 변두리에 위치한 다다하리 비올리는 그 주변의 회교 사원이라든지 마을에 그냥 방치되어있어 잡지에서 멋있게 클로즈 업 했을 때와는 감이 달랐다.
그러나 지하까지 내려가자 회교 건축 특유의 디테일한 조각이 되어있는 기둥들의 열이 나타났다.
그 기둥들은 무한히 확장되는 공간의 마력을 말해주듯이 엄숙한 공간감을 연출했다.
그리고 지상에서는 아무렇게나 작열하던 태양의 빛이 지하로 들어감에 따라 점점 열어지면서 그 드라마틱한 빛을 공간자체가 조율하도록 허락하고 있었다.
그렇다. 그것은 바로 빛의 우물이었다.
계단 주위에 까맣게 붙어있는 박쥐들에 놀라면서도 나는 천천히 우물의 바닥까지 발을 옮겼다.
그리고 조용히 아무도 없는 오후의 빛을 받아들였다.

28. 썸머타임

바다에는 천천히 배가 나아가고 있었다.

햇살은 조용히 파도를 타고 넘실대고 내가 앉아있는 이 해변의 식당에서는 보사노바풍의 재즈음악이 흘러나왔다.

나는 이미 튀긴 물고기 한 마리를 다 처치한 후였다. 까만 고양이가 부러운 듯이 내 발밑을 배회한다.

"뭐 마실 거 드시겠습니까?"

"포스터… 맥주요."

오스트레일리안 비어… 라는 광고가 곳곳에 붙어있는 이 곳은 듀…자인교도들의 득세로 술 마시기 어려웠던 구자라트 주에서 그나마

금주법의 적용을 받지 않는 작은 해변 휴양지…. 내가 왜 여기에 앉아있는 것일까.

왠지 나른한 기분이 되어 바다를 바라본다.

어제는 나고야 비치까지 오토바이를 타고 갔다 왔다.

그러나 대부분의 해수욕객들이 인도인인데다 여자들은 펀자브 슈트를 입고 들어가는 분위기라 나는 해변만 거닐다가 왔다. 왠지 반바지 밑에 입은 수영복을 내 보일 분위기가 아니라고나 할까.

이 곳 듀는 인도에서 유명한 해안휴양지 고아나 케랄라의 코발람처럼 환상적인 열대의 해변을 자랑하지는 않지만 그런대로 소박한 맛이 있었다. 게다가 시즌도 지나서인지 한산하기도 하고….

어제는 오토바이 기름이 다 떨어질 때까지 이 해변 저 해변으로 이동하기 바빴다. 사실 해변에서 죽치고 책 읽는 것보다는 이 편이 더 재미있었다고나 할까.

길가에 있는 바의 주인은 하루에도 몇 번씩 바쁘게 왔다 갔다 하는 이 동양인 여자를 신기하게 쳐다보았다.

음… 이 무료함이라니….

이건 뭐 아무것도 없잖아.

도대체 누구야? 듀가 환상적이라고 추천해준 사람이…

이런 저런 생각으로 다시 맥주를 마시며 바다를 바라보았다.

그러자 웨이터가 한마디 던진다.

"듀에서 많이 돌아다니셨나요?"

"가이드북에 있는 대로 나고야 비치와 고글라 해변에 갔다 왔죠."

그는 진흙탕이 된 내 오토바이를 쳐다보며 빙긋이 웃었다.

"재미있었나요?"

"그럼요."

"혹시 시바신전과 동굴에도 가셨나요?"

"시바신전…. 그런 것도 있나요?"

"가이드북에는 나와 있지 않겠죠. 하지만 여기에는 책에 나와 있지 않은 볼만한 곳들이 꽤 있답니다." 그러더니 그는 조금 더 허리를 굽혀 내게 말했다.

"제 친구가 있는데 그가 가이드 겸 식당도 하고 있지요. 보니까 손님은 3일째 저희 식당만 찾으시던데…."

"여기가 듀에서 가장 나은 곳 같던데요."

"암튼 관심 있으시면 오늘 오후 5시까지 이 곳으로 오세요. 친구들과 파티가 있거든요. 그리고 거기에는 다른 관광객들도 꽤 있어요."

그때부터였다. 듀에서의 새로운 세계가 펼쳐진 것은.

내게 초대를 한 웨이터는 수바시였고 그가 말한 가이드 겸 요리사라는 이는 죠지라는 포르투갈 혼혈이었다. 그리고 그들의 친구들이란…. 정말 국제적 그룹이었는데 로버트라는 네덜란드인, 이탈리아인 두 자매, 동독과 서독인으로 이루어진 통일 독일의 커플, 덴마크인

루나… 등등이었다.

죠지가 관리하는 이 관광객들은 시간이 지날수록 점점 불어나는 추세였는데 나도 얼떨결에 이 대열에 끼이게 된 것이었다.

그 후부터는 식당이 바뀌었다. 죠지가 살고 있는 교회 건물로….

죠지는 능숙한 호스트의 자질을 살려 물고기 바베큐를 해 준다든지 식사 후에 교회의 지붕에 데려가 밤의 듀를 내려다보며 담화를 나눌 수 있게 한다든지 하는 식으로 일행들을 편안하게 해 주었다.

로버트는 파리에서 일러스트레이터로 일하는데 마치 큰 몸집의 불독처럼 생긴데다 웅장한 목소리로 열변을 토하곤 하여 팀의 리더 역을 톡톡히 하였고 파울리나와 마리아라는 밀라노에서 온 자매들은 얌전하고 조심스러운 성격에 이탈리아인 특유의 패션 감각을 자랑했다. 그리고 동독인이었던 잉가는 시골소녀처럼 순박하고 가식 없는 미소를 가졌었고 그의 파트너인 맥스는 시간 날 때마다 여행하는 것이 취미인지 제 2의 론리 플래닛처럼 정확한 정보력을 구비하고 있었다.

그리고 마지막으로 덴마크에서 온 루나….

그녀는 첫눈에 보기에도 복잡한 성격을 가지고 있는 듯이 보였다. 그룹에 있을 때는 쾌활하고 재치가 있었지만 한편으로는 신경질적이고 민감한 면을 숨기지 못했다.

그래서 물어보았다.

"직업이 뭐지?"

"배우."

"그렇구나… 왠지 사무실에서 일할 타입은 아니라고 생각했어."

루나는 머리에 시든 꽃을 꽂고 있었다.

갑자기 루나는 결혼에 대해 말하기 시작했다.

"결혼이란… 많은 사람들 앞에서 어떤 사람을 사랑하게 되었다고 공언하는 파티에 지나지 않아. 그런데 파티가 끝나고 나면 어떻게 되지?"

"쓰레기를 치우겠지."

로버트가 벌겋게 된 얼굴로 유쾌하게 소리쳤다.

"맞아. 그거야. 쓰레기를 치우는 시간이지."

일순 장내가 조용해졌다.

루나의 심상치 않은 표정이 어둠속에서도 감지되었기 때문이었다.

"상관없어. 그냥 그렇다는 것일 뿐이야. 이 중에서 그런 파티를 한 사람이 있나요?"

아무도 없었다. 모두 20대 후반이나 30대가 넘어있었지만….

"그럴 뻔했지. 이탈리아 여자하고 사귈 때였는데 말이야, 외국인과 교제한다는 거에 마땅치 않았던 여자 측의 아버지가 탐정까지 보내서 내 신상조사를 하더라구…. 무서워서 결혼할 수 없었어. 만약 부부싸움이라도 해봐. 마피아를 부를지도 모르겠더라구."

로버트의 재치 있는 한마디에 분위기는 다시 회복되었다. 그러자 죠지가 말했다.

"오늘 보름인데, 해변으로 가지 않겠어요? 밤의 파도를 볼려면 오늘 같은 날이 제일 좋다구요."

그래서 우리는 모두 오토바이를 타고 폭주족처럼 선셋 비치로 향했다.

달빛이 교교하게 비치는 바다를 바라보며 모두 탄성을 지르며 바다로 뛰어들었다.

물론 헤엄을 치기에는 발이 땅에 닿지 않아 무서웠지만 나는 그런 밤의 평화를 즐기며 파도에 몸을 맡겼다. 그런데 모든 일에 앞장서서 주도하던 로버트는 그날은 웬일인지 해안가에서 발만 축이고 있는 것이 아닌가. 내가 왜 그러냐고 물었더니.

"이봐, 제프 버클리라는 가수 알아?"

하고 뚱한 표정으로 물었다.

"음. 알아."

"그 가수가 왜 죽었는지 알아?"

"그 가수가 죽었어?"

"그럼, 아주 오래전에."

"왜 죽었는데?"

"술에 취해서 밤에 수영하다가 죽었어."

음…. 그게 글쿤….

나는 파도를 타며 신 나게 놀고 있는 술 취한 사람들을 바라보고 있었다. 그때였다. 루나를 본 건.

그녀는 우리가 앉아있는 해변의 반대편으로 걸어가고 있었다.

그러자 로버트가 말했다.

"가만 놔두라구. 그녀는 시간이 좀 필요할 뿐이야. 내가 듣기로는 루나는 이번 1월에 이혼했다고 하더군. 3년간의 결혼생활 끝에 말이야. 아마 인도에 온 것도 그런 이유가 아닌가 해."

"그럼 로버트는…. 어떤 이유로 인도에 온 거지?"

"나야 휴가는 항상 제 3국가에서 지내왔으니까. 이제 길거리의 웬만한 거지들을 보아도 눈 하나 깜짝하지 않는다구. 워낙 그런 걸 많이 봐 왔거든. 그러는 너는?"

"글쎄…. 밤에 수영하기 위해서?"

"기특한 이유로군."

루나는 보름달이 비치는 밤의 바다로 들어가고 있었다.

파티가 끝나면 쓰레기를 치워야한다지만 우리는 언제까지나 새로운 파티를 열 수 있을 것이다.

인생이라는 바다에서 우리는 그 심연 속에 무엇이 도사리고 있는지는 모른 채 해변에서 기뻐하며 물장구를 치고 있는 어린애들이었기 때문이었다.
그리고 그 어린애들을 그 밤의 달은 지켜보면서 새로운 파도를 다시 해안가에 보내주고 있었다.

29. 사랑은 맹목적이다.

"나는 새처럼 자유롭고 싶어. 그리고 나는 나 자신의 코드로 인생을 노래할거야. 남들이 내게 어떤 말을 하든지 난 개의치 않아. 그건 그들 세계안의 일일 뿐이니까. 그리고 35살이 되면, 내 인생을 끝내겠어. 그게 다야."

"나이가 들면… 더 이상 파트너가 생기지 않을까봐 두려워해서 그런 거지?"

"아마도… 그것도 있겠지. 하지만 나는 인생은 햇볕이 가득 쬐이는 들판이라고 생각해. 단지 밤이 싫을 뿐이야. 그것뿐이야."

죠지는 발로 툭툭 풀 밑동을 차고 있었다.
그는 포르투갈과 인도인의 혼혈로 그의 할아버지대가 포르투갈인이었다. 그리고 할머니는 늙어서도 짧은 치마를 입곤 했다고….

죠지도 그의 할머니처럼 화장을 즐겼다.
여자 옷을 입기를 좋아하는 트랜스섹슈얼은 아니었지만 패션에 민감하고 말쑥하게 보이는 것을 좋아하는
게이라고나 할까.
식당에서 내게 말을 건 웨이터, 수바시가 그의 파트너였다.
남녀 관계처럼 수바시와 죠지와의 관계에도 끊임없이 애증의 관계가 번복되고 있었는데, 수바시가 죠지로부터 도망친 건 벌써 3번째라고….
그때마다 수바시는 죠지의 돈을 가져가서 사귀고 있던 여자에게 주곤 했다고….
이번에 수바시가 듀에 다시 나타난 건 두 달 전의 일이라 했다.
예전처럼 아무런 가방도 짐도 없이 여벌의 옷도 없이, 그냥 그렇게 듀에 나타났다고….
그리고 이번 페스티벌까지 레스토랑에서 일하고 나면 어떻게 될지

죠지도 알 수 없다는 것이었다.

"마음이 아프지 않아?"

"아니, 이젠 괜찮아. 예전엔 아팠지만…. 난 수바시가 나를 정말로 사랑하는 것이 아니라는 것을 알았어. 내가 무엇을 해주든 그는 언제나 내게 불평만하지. 오늘 아침도 그랬어. 어제 밤바다에서 수영을 하고 왔[illegible] 수바시 몸은 온통 모래투성이였지. 난 샤워하고 자라고 했는데 그는 그냥 자더군. 그런데 피곤했던지 오늘 아침엔 11시쯤 일어났어. 식당엔 10시까지 나가야하는데 말이야. 그가 불같이

성을 내더군. 깨워주지 않았다고…. 하지만 난 분명히 그를 깨웠어. 그가 늦게 일어났을 뿐이지. 난 그를 위해 아침식사까지 만들어 두었다구."

"그럼 다른 남자들을 만나."

"이 곳 듀에도 게이들이 몇몇 있어. 너가 우리 집에서 봤던 그 네 팔소년도 그 중 하나이고…. 하지만 수바시는 달라. 모르겠어. 너무 오랫동안 같이 지내 와서 그런지도 모르겠어. 가끔은 나도 생각해. 그는 사랑받을 자격이 없다고…. 그 안에 있는 어떤 비열한 점을 나도 알고 있기 때문이야. 하지만… 모르겠어. 이번에도 다시 수바시가 아무 말 없이 가 버린다면….
이번엔 나도 아무것도 느끼지 않을 수 있을 것 같아. 어차피 인간은 다 혼자야. 저기 새처럼…."

그리고 나는 그가 풀 밑동을 차고 있는 자리에서 멀리 떨어지지 않은 곳의 바위에 새겨진 글자 '러브 이즈 블라인드'를 발견했다.
우리가 앉아있는 이 잔디밭의 밑에는 거대한 동굴이 있었다. 그것은 마치 인공 구조물처럼 보였다. 작은 판테옹처럼…. 동굴 위에는 구멍이 뚫려있어 햇살이 들어오고 각각의 굴을 연결하는 마디는 작은 아치처럼 보였다. 그리고 그 입구는 넝쿨 더미로 가려져 있었다.

"이 곳은 내가 듀에서 가장 좋아하는 장소중 하나야. 관광객들은 절대 발견하지 못하는 장소중 하나이기도 하지. 이 곳 사람들도 여기 까지 들어와 본 사람들은 드물 걸…. 날씨가 좋으면 난 여기서 친구들과 파티를 하곤 했어. 이것 봐. 모닥불 자국이 보이지?"

그는 싱긋 웃었다.
"난 돌아다니면서 새로운 장소를 발견하는 걸 좋아해."

나는 그날 죠지가 보여주었던 장소들을 회상했다.

파도가 입구까지 들이쳐 오던 바닷가의 시바신전, 앉아서 먼 바다의 호를 그려볼 수 있었던 절벽, 오래전에 이 곳을 떠난 배화교도(조로아스터교)들의 신전과 조장을 했던 우물….

그 곳들에는 하나의 공통점이 있었다.

그것은 영원을 향한 갈망 같은 것이었다.

기도를 위한 장소 같은 것이었다.

마음이 오랫동안 굽이쳐 닿는 동굴 같은 곳이었다.

그리고 죠지는 팔을 활짝 벌렸다.

마치 새가 날개를 펼치듯

그는 들판을 걸어갔다.

사랑을 하면 아무것도 볼 수 없다. 그러나 왠지 나는 죠지가 수바시의 들판 밑의 거대한 동굴을 본 것이 아닌가 하는 생각이 들었다. 아무에게도 함부로 보여주지 않았던 자기 내부의 동굴…. 맹목적으로 아름다웠던 한 장소를….

30. 계획의 무모함

구자라트 지방 듀를 지나 봄베이에 들러 3일간 머물다가 나는 혜수와의 약속기한이 다 된 것을 발견했다.

혜수는 델리에 두 번째 들렀을 때 만난 친구였는데 첫 대면할 때부터
"저 보니까 생각나는 연예인 없어요?"
그러며 한사코 유명한 이름을 알려주길 거부했다.
결국 이름을 알고 나서는 다소 공황상태에 빠지긴 했지만(혜수야, 미안하다. 하지만 너도 글래머이고 텔레비전에 나오는 걔보다 훨씬 더 섹시하단다.)
혜수는 이번이 인도를 세 번째로 방문하는 것이었다. 그전에도 인도를 거쳐 파키스탄, 이란, 사우디, 이스라엘 등 중동을 건너 터키에 이르는 대장정을 너끈히 해낸 적이 있었다.
우리는 델리에서 서로 의기투합하여 함께 여행을 다니면 어떨까 궁리했지만 네팔에서 넘어온 혜수는 다람살라와 나닥 등 북부인도로 루트를 잡고 있었고 나는 바라나시나 아메다바드 중 하나에서 갈팡질팡하였기 때문에 무리가 있었다. 그래서 최종 합의를 본 것이 2주 후에 어딘가에서 만나자, 그래서 함께 파키스탄을 여행하자…였다.
찬디가르는 나닥에서 시간을 보내고 있던 혜수와 내가 만나서 파키스탄으로 넘어갈 최적의 장소로 보였다. 물론 암릿차르쪽이 파키스탄 국경과는 가까웠지만 이왕이면 이 기회에 찬디가르에서 르 꼬르뷔제 할배의 건축물을 눈도장 찍는 영광을 안고 싶었기 때문이었다.

터번 두른 시크교도들로부터 펀자브 주도의 도시계획과 주요 관공서의 디자인을 의뢰받은 꼬르뷔제는 1952년, 이렇게 쓰고 있다.

[모듈러의 덕분으로 질서 잡힌 형태로 성공리에 막대한 도면을 취급할 수가 있었다. 그것은 그림을 그리는 사람에게도 완성된 작업에 대해서도 말이다.]
그리하여 도시는 제도판에서 익숙한 척도인 그리드로 상업지구, 녹지지구, 주택지구 등등으로 구분되었는데
이것은 내가 다녀 본 인도 도시 중(비록 얼마 안 되지만) 가장 불편했던 곳으로 남게 되는 결정적 역할을 담당했다. 처음에는 지도를 보고, 역시 계획도시는 이래서 좋아… 그러며 길을 걷는데 가도 가도 끝이 없는 것이 아닌가. 결국 찬디가르에서는 걸어서 이동해 본 적이 없다. 뻥뻥 뚫린 아스팔트길을 사이클 릭샤를 잡아타고서야 이동이 가능하였던 것이다.
도시계획이 어느 시대의 활동의 표현이라는 꼬르뷔제의 전제가 들어맞다면 찬디가르는 자동차 시대의 도시인 셈이다. 그러나 두발을 믿고 있는 원초적 배낭족인 내가 느낀 것은 막막한 황량함뿐이었다.

31. 웰컴 투 라닥

밤이었다.
6시면 온다던 혜수가 7시가 넘어도 오지 않았다.
나는 숙소 앞마당을 서성거리며 아침에 온 그녀의 전화를 떠올리고 있었다.

"언니, 잘 있었어요?"
"어… 너 어디야?"
"나 여기 델리. 언니가 오늘이나 내일쯤 델리에서 찬디가르로 출발한다길래 오늘 여기 왔거든요. 혹시나 오늘 점심때쯤 봄베이에서 오지 않을까 해서… 그런데 벌써 아침에 기차로 출발했더라구요."
"음. 그렇게 됐어. 델리에서 파키스탄 입국 비자를 받으려 그랬는데 우리나라와는 무비자라고 해서 허탕을 치고 빨리 떴지, 뭐. 넌 웬일로 나닥에서 델리까지 왔니?"
"그게요… 좀 복잡한데… 아이쿠 루피 떨어지겠다. 암튼 가서 얘기할께요. 아마 6시쯤엔 챤디가르 도착할 거 같거든요. 그럼 그 때 봐요, 언니."

밤은 점점 깊어졌다.
경비원은 숙소 앞을 왔다 갔다 하는 나를 빤히 쳐다보고 있었고 간간히 체크인을 하러 인도인 가족들이 차를 타고 내렸다.

7시 반경.

지프 한대가 숙소로 들어섰다.
기다리고 기다리던 혜수였다.
혜수는 반가워하며 자세한 얘기는 천천히 하자고 했다.
지프 앞좌석에는 인도인 운전사가 타고 있었고 혜수의 옆에는 동양계

로 보이는 남자가 앉아있었다.

"언니, 인사해요. 도르제야."

일본이나 한국계 이름을 기대한 나는 생소해하며 그와 악수를 나누었다.

"나닥에서 만났어요. 나닥의 여행사에서…. 그리고 얘한테 신세 좀 졌거든요. 델리도 얘 여자 친구가 오늘 미국 간다고 그래서 온 거여요. 2박3일간 산길로 와서인지 차도 말도 아니고, 그래선지 찬디가르 오는 도중에 한번 멈추었지 뭐예요. 암튼 자세한 얘기는 천천히 해요."

8시 반경. 탄도리 닭집.

"언니. 가만히 생각해봤는데요. 파키스탄으로 가는 계획, 언니, 아직도 마음에 있어요?"

"마음? 원래 거기로 가기로 했잖아."

"그렇긴 한데요, 계획이라는 게 바뀔 수도 있잖아요. 특히 여행을 하는 도중에는 말이죠. 어떤 우연이나 인연 같은 것이 그 땅으로 끌어 당기는 듯한 느낌. 전 왠지 이젠 파키스탄 쪽으로는 구미가 당기지 않아요. 실은 나닥에 더 빠져서 그런지는 모르겠지만…. 그리고 9월경에는 나닥에서 축제가 있거든요. 그것도 그렇고…. 언니만 괜찮다면 나닥으로 가는 것도 나쁘진 않을 것 같아요. 풍속도 그렇고 풍광도 그렇고 사람들도 그렇고…. 나닥은 인도지만 인도보다는 티베트에 가깝거든요. 파키스탄보다 더 흥미로울 수도 있을 거예요. 어떻게 생각하세요?"

"음… 좀 생각해봐야겠는데."

9시 반경.

우리는 지프에 기름을 주유하고 있었다.
도르제는 인도인 운전사가 오늘 하루 종일 운전해왔다고 피곤할거라며 자기가 운전대를 잡았다. 그리하여 나는 나닥으로 가고 있었다. 파키스탄으로 가는 기점인 암릿차르가 아니라….

"너가 생각하기에 그것이 옳은 것 같아?"

"넌 네가 옳다고 생각하는 것을 해야만 해, 리즈,. 난 너에게 어디로 가라고 말해줄 수 없어."

"그게 무슨 소리야? 뭐가 잘못 되었다는 말이야?"
"마음이 이끄는 대로 가. 넌 그러기 위해 여기에 왔어. 너가 어디로 가든 무엇이 맞고 무엇이 틀리다고는 아무도 말할 수 없어."

-『당신은 그걸 경험해 봤어요?』라는 영국 여행자의 인도 여행기 책 중에서…

32. 이것이 인생

마날리에서 라닥으로 가는 길은 비가 오고 있었다.
산등성이 곳곳에 무너진 흙 두덩이, 굴러 떨어진 바위 등이 보였다.
그리고 도로는 종종 막혀 화물트럭으로 정체되었다.
차에서 내린 우리는 쏟아지는 빗줄기를 막막히 바라보며 길가 찻집에서 짜이 한 잔씩을 마셨다.
"길이 꽤 험하겠는걸."
도르제가 걱정스런 눈길로 말한다.
"이런 날씨엔 산사태도 종종 나잖아."
혜수가 종알거리며 카트만두에서 포카라 가는 길도 산사태로 막혀서 결국 5시간 동안 기다리다 회군했다고 했다. 그때 땡볕에 앉아있던 독일 아줌마가 묵묵하게
"이게 인생이지, 뭐."

그랬다고….

세라비가 프랑스말로 이게 인생이지, 뭐…라지만 아마 그 말이 가장 잘 통하는 나라 중 하나가 인도가 아닌가 싶다.

이게 인생이지, 뭐…하며 수 시간 차를 세워놓고도 태연자약해하는 승객들이 바로 그들이니까.

짜이 한잔을 다 비우고 나자 도르제는 인도인 운전사와 몇 가지를 상의하다가 결국 가는 쪽으로 결정을 내린 것 같았다.

"만약 가다가 산사태라도 나면 어떡해? 돌이라도 굴러 떨어지면…. 그땐 정말 끝장이라구."

나는 아직도 길가 찻집에서 대기하고 있는 운전사들을 바라보며 서둘러 출발하는 도르제에게 말했다.

"이게 인생이지 뭐…. 하지만 두려워하면 아무데도 갈 수 없어."

그렇다. 그것 또한 인생이었다.

도르제와 인도인 운전사는 결국 길가에 있는 힌두사원에서 기도를 드리고 쌀을 받아 몸에 뿌렸다. 결국 그들은 신의 가호를 업고 길을 가는 쪽을 선택했나보다. 운전대를 잡은 도르제의 눈이 흔들리는 빗줄기 속에서 빛나고 있었다.

33. 라닥 여자들은 섹시해.

마날리의 빗길을 뚫고 그 다음날 저녁까지 달리던 우리는 어느덧 라닥 지방으로 접어들었다.

스리나가르에서 라닥에 대해 묻자 그곳에 장기 체류하던 스위스인이 눈을 치뜨며

"라닥? 라닥엘 왜 갈려구? 거긴 달세계야."

라고 말했듯이 고원지대의 그 곳은 풀 한포기 자라기도 버거울 듯한 황량한 돌산들이었다. 그리고 그 황량함은 희박한 공기 속에서 더욱 짙푸름을 자랑하는 하늘과 어울려 한 폭의 그림 같았다.

나는 그 고원지대에 낙하산을 탄 우주인이 착륙하는 것을 생각해보았다. (왜 파일럿도 아니고 우주인이 낙하산을 타야하는지 나는 모르겠다. 하지만… 그는 불시착의 화려한 망토를 입고 있어야하니깐. 그리고 그 망토를 질질 끌고 산기슭에서 이 황량한 대지의 고독을 보는 것이었다. '쳇, 지구도 우리별과 다를 게 없잖아.' 하면서….)

풍광이 바뀔수록 인종 분포도도 변했는데 고지대로 갈수록 티베트인의 모습을 한 라닥키들이 텐트를 치고 살고 있었고 주둔하고 있는 군인들의 막사가 보였다.

그리고 어느덧 마을로 접어들었다.

전기도 들어오지 않는 그 촌구석에 숙소라고는 동굴 같은 도미토리 하나가 있을 뿐이었다. 두 개의 촛불이 흔들리며 밤의 벽을 밝히고 있었다. 길을 가다 중간에 먹은 모모가 자꾸 느끼해져 연거푸 물을 들이마신다.

도르제와 혜수는 마치 밤의 캠핑장 같은 숙소의 분위기가 마음에 들었는지 아껴두었던 인도산 위스키와 담배를 꺼낸다. 오랜만의 주연이었다.

그리고 오랜만의 동행들…. 겨우 이틀 전에 만나 숙식을 같이하게 된 타인들…. 사실 이러한 식의 만남은 도시를 살고 있는 현대생활에서는 불가능한 것들이겠지. 기껏 지하철의 신문 너머로 상대의 안경만을 확인하고 말거야.

그러나 여행은…. 진정한 여행은…. 바로 길 위에서의 사람들을 만나는 것이었다. 마치 도로시가 허수아비와 사자와 양철로봇을 만나 노란 길을 걸어가듯이….

흔들리는 불빛 아래에서 도르제는 담배를 꺼내었다. 담배 곽에는 WILLS라고 적혀있었다.

"WILLS… 이 담배 나도 좋아하는데…."

하며 혜수가 넌지시 한 개비를 뽑아간다.

"WILLS가 무슨 뜻인지 알아?"

"WILLS? WILLS가 윌스지 뭐야. 아니면 의지의 복수형인가. 의지들…"

"땡… WILLS는 'Woman In Ladak Is Sexy.' 라닥 여자들은 섹시해 라는 뜻이야."

도르제가 불울 붙이며 말한다.

"에이… L이 하나 빠졌는걸."

"암튼 우리 라닥에서의 뜻은 그래."

"정말 라닥 여자들은 섹시한가?"

그러자 갑자기 도르제는 웃음을 터트렸다. 그칠 줄 모르는 웃음이었다.

"미안… 미안해… 갑자기 생각이 나서…."

"음… 우리도 이해해."

"아니… 그게 아니라… 어떤 라닥 여자가… 실은 3년 전에 델리 대학을 다니고 있을 때 라닥 여자를 사귀게 되었거든. 그 때는 델리에 있었지만 라닥 친구들과 함께 방을 쓰고 있었으니까, 그녀도 델리에서 공부하고 있는 라닥 학생 중 하나였지. 사실 그 일이 있기 전까지는 그녀가 나를 사랑하고 있다는 것도 몰랐어."

"어떤 일?"

"그날은 주말 밤이었어. 친구들은 오랜만에 자취방에 모여 서로 술을 마시고 담화를 나누며 밤늦게까지 우리 집에 있게 되있지. 마침 밤도 깊었고 방도 하나밖에 없었기 때문에 그녀도 우리와 함께 자게 되었는데 말이야…. 잠을 자다가 문득 누군가가 내 품에 파고드는 것을 느꼈어. 그녀였지. 어둠속에서도 나는 똑똑히 그녀의 눈을 볼 수 있었어. 그리고 그녀는 고개를 숙이고 내게 키스하려했지. 순간 나는 그녀를 밀쳤어. 왜 그랬는지는 아직도 모르겠어. 아마도 예기치 못한 행동에 당황했기 때문이 아닌가 해. 그런데 그녀가 갑자기 울기 시작하는 거야. 그리고 방을 나가더군.

나는 그녀를 좇아나갔어. 그녀는 수치스럽다고 하더군. 내가 왜? 하고 묻자 방안에 자고 있는 친구들이 모두 그 광경을 봤을 거라며…. 자기가 나에게 거절당하는 바로 그 장면을 말이야. 난 그렇지 않다고 했어. 단지 당황했을 뿐이라고…. 싫어하는 것은 아니라고 말했지. 그때 다시 그녀의 눈이 반짝거리더군. 나도 모르겠어. 그건 길을 가다 빠지게 된 함정 같은 것이었어. 그 후 그녀는 자주 우리 집으로 놀러왔고 나는 나도 모르는 사이에 그녀와 사귀게 된 꼴이 되고 말았지."

"도르제가 매력이 있는 건 인정해."

혜수가 담배 재를 털며 말했다.

"고마워. 하지만 그 후의 일들을 생각하면 지금의 이 칭찬은 받아들이고 싶지 않은걸."

"그 후에 무슨 일이 있었는데?"

"그녀는 자살을 기도했어. 그것도 두 번씩이나. 그 소문을 들은 아버지는 델리로 학자금을 보내길 거부했고 친구들도 나를 이상한 놈으로 몰고 가 버렸지."

"왜 자살을 기도한 거지? 결국은 그녀가 원했던 대로 너를 사귀게 되었잖아."

"내가 자기를 사랑하지 않는다는 거였어. 어쩌면 그건 사실일지도 몰라. 하지만 최소한 난 그녀를 좋아했거든. 그런데 시험기간 중 어느 날 나는 그녀와 만나기로 한 약속을 잊어버리고 말았어. 그러자 그녀는 그것이 절교의 선언인줄 알고 약병을 들이켰지."

"맙소사."

"난 병실에서 다시 그녀를 안심시켜야했어. 처음 그녀가 내 방을 나갔을 때 그녀를 다독거렸던 것처럼….

그러나 그 후에도 그녀는 끊임없이 나를 불안하게 만들었지. 난 결국 공부도 생활도 포기하게 되는 지경에 이르렀어. 그때의 1년은 정말… 끔찍했어…. 그리고 그녀가 2번째 자살을 기도한 후…. 나는 다시 라닥으로 돌아왔지."

"그래서… 그녀는 어떻게 되었어?"

"아직 델리에 살고 있어. 우스운 건 내가 떠나자 6개월도 되지 않아 그녀에겐 새로운 애인이 생긴 거야. 난 뭐가 뭔지 모르겠더군…. 그냥 그런 일이 있었어. 참, 우리가 무슨 말을 하고 있었지?"

"WILLS."

"그래, WILLS… 그리고 라닥키 워먼…."

34. 은하수

예전에 강석경의 소설 '세상의 별들은 다 라사에 뜬다'를 읽었던 여름이 생각난다.

그 무렵 양재동에 살고 있는데 소설을 읽다말고 집에서 두 코스거리인 강남역으로 뛰어가 타워레코드에서 라비 샹카르의 시타르 연주 CD를 샀었다.

집에 돌아오니 어둑어둑한 여름밤이었다. 예전에 인사동에서 사둔 향을 피우고, CD플레이어에 시타르 연주를 걸어둔 채 다시 그 책을 읽기 시작했다.

지금 회고하면… 주인공인 그녀는 이혼녀였고, 냉장고에 담배를 두어 차게 해서 피우길 좋아했고, 요리를 좋아하는 듯 인도요리에 대한 묘사가 많았으며 인도여행을 시작했는데 끝은 라닥이었다… 뭐 그 정도라고 할까.

그런데 공교롭게도 나의 인도여행의 끝도 라닥에서 맞게 되었다.

그 무렵 나는 정해진 기한인 석 달이 다 되어가고 있었고, 장기여행의 여독에서 좀 지쳐있었으며 라닥이 고원지대라 그런지 입맛이 없고 기력이 쇠진되는 것을 느꼈다.

동네에서는 축제라고 춤이니 음악공연이 연일 계속되고 있었지만 나는 그런 호기심마저 잃어버렸다고나 할까.

숙소의 침대에 누워 창밖의 그림 같은 전경을 보며 도르제가 빌려준 CD를 듣거나 책을 읽곤 했다.

창밖으로 바라본 전경은 채도가 더 강한 한국의 농촌풍경 같았다.

하늘거리는 연녹색 잎의 나무들, 풍덩 빠질 것 같은 바다 같은 하늘, 그리고 빨갛게 익어가는 능금….

옆집 아이는 그 능금을 따기 위해 장대를 들고 푸드득 푸드득 거렸다.

나는 아득히 눈을 감고 다시 잠에 빠진다.

이제 여행을 마칠 시점인가?

그러자 숙제를 끝마치지 못한 불안한 아이 같은 심정이 되었다. 그

근거 없는 불안은 무엇이었을까. 언제나 은빛 그물에 끼어든 고기처럼 푸드득 푸드득 거리면서 그 작은 머릿속으로 본 바다는 도대체 무엇일까. 끝도 없는 심연의 깊이에 관해 명상한 것은 아직 육체가 여물기 전이었다. 정작 모든 것이 성숙되자 나는 먹이를 찾는데 몰두했다. 그리고 안온한 평온을 느꼈다. 행복이란 이 따뜻한 바다에서 유영하는 것이다. 행복은 따뜻한 총일 뿐이다. 어딘가로 부터 예고 없이 은빛 그물이 내려오기 전에는….

그러나 정작 그 때 나는 부질없는 고민에 휩싸여 있었다.

다시 돌아갈 한국에 대한 생각, 계속 영화를 할 것인가, 말 것인가에 대한 생각, 나이가 들어감에도 경제적 기반을 갖추지 못한 것에 대한 생각, 그리고 나의 도망에 관한 죄책감…. 지금 생각해보면 초등학생이 방학이 끝나갈 때 하는 걱정과 비슷한 것들이었다.

모든 것이 오래된 농담이다.
그리고 이 농담은 이 바다에 살고 있는 한 끝없이 밀려올 테지. 끊임없이 파도에 휩쓸릴 테지.
혜수는 아파서 누워있는 나를 걱정하면서도 축제를 다니고, 영화를 보고, 도르제의 친구들과 수다도 떨고 건강하게 지내고 있었다.
왠지 내가 그녀의 여행을 방해하고 있다는 생각이 들었다. 그리고 이제 떠날 때가 되었다는 생각도…. 그러나 그건 강석경이 라닥에서 느꼈던 그 절대적인 무언가는 아니리라.
얼마 전에 도르제와 그의 사촌인 또 다른 도르제(번개라는 뜻의 도르제는 티베트 이름으로는 흔한 편이었다)와 밤에 별구경을 하러 갔다.
넓은 평원지대에 이르러 우리가 지프 밖으로 나오자 도르제는 카 오디오에 음악을 틀었다.
달이 없는 밤하늘은 광대했다.
별빛은 쏟아질 듯이 희박한 대기 위에서 빛나고 있었다. 그리고 그 별빛 사이로 뿌연 안개 같은 것이 서려있었다.
"저게 뭐지?"
도르제는 믿을 수 없다는 듯이 나를 쳐다보았다.

"저게 뭐긴? 밀키 웨이지. 넌 은하수도 몰라?"
"이름은 들었는데 어떻게 생겼는지는 몰랐어."
나는 손을 빼고 희미한 그 별들의 집단을 바라보았다.

아무데도 매인데 없고, 아무 곳에나 갈 수 있고, 아무 사람이나 만날 수 있고, 아무동안이나 머물 수 있었던 여행길, 그 길에서 나는 아무렇게나 흩어져있는 수많은 인생의 섬광들을 보았다. 그러나 내가 달처럼 그 별들의 빛을 온전히 이 우주라는 암흑공간에 돌려줄 수 있었을까?
아직도 인도에는 그 길들이, 그 별들이 존재하고 있겠지. 다만 이제 여기서는 오염된 공기에 가려 은하수를 찾을 수 없을 뿐.
그 모든 것을 본 여행자의 눈이란, 그 모든 사람과 악수했던 여행자의 손이란, 잘못 현상된 필름처럼 부정확한 여행자의 기억이란 무책임하기 짝이 없다. 그리고 그 영원한 결핍 속에서 나는 또 다시 그곳을 방문하기를, 그들과 만나기를, 희박한 공기 속에서 인생의 경이를 목격하기를 갈망한다.

마지막으로 그때 이메일로 교신했던 두식 형의 편지가 이 여행에 대한 답이 될 수 있으려나.

[캐나다의 두식 형으로부터의 편지]

어떻게 지내냐? 신발은 말짱하냐? 이러다가 도사 하나 나오는 거 아닌지 몰라…. 내 생각에는 네 여행은 네 내부로 향하는 것 아니냐? 형식적으로는 수천 킬로의 형식을 띠고 있지만… 그 여행의 끝이 네 긴 그 무엇으로의 여행 중에 얼마만큼 일까…. 시작에서 얼마나 간 걸까…. 으악 모르겠다! 어쨌든…. 밥 딜런의 '블로잉 인 더 윈드'에서 나오는 표현이 이런 때 적당하리라 본다.

답은, 친구여, 불어오는 바람 속에 있다네.
답은 불어오는 바람이 일러줄 거라네.

여러 가지의 불가지적인 질문에 친구는 뭐라고 대답하지. 그러나 그 대답은 때 마침 불어온 바람의 소리에 묻혀 어디론가 날아가 버리고 그 친구는 침묵한다. 그래서 나는 그 상황을 그 친구의 대답 대신으로 이해하지. 그 상황 곧 답은 불어오는 바람 속에 있다. 그것이 바로 가장 올바른 그 친구의 대답이었던 거야. 즉 어떠한 대답도 답이 될 수 있고 그 반대로 답이 아니기도 해….
현상의 역사는 인간의, 아니 현재 인간으로 불리는 그 무엇으로 진화하는 동안에 세포 속에 내재되어온 그 모든 정보의 역사이지만 언어의 역사는 불과 만년도 안 되지….
그 언어로 수십 억 년 이상의, 이 우주에 존재함으로써 바로 생기기 시작한 존재로서의 불안을, 소멸에 대한 공포를 표현한다는 것은 말 그대로 부조리지….

1년과 100년을 비교하면 많은 차이가 느껴지지만 1조 1년과 1조 100년은 그 차이가 미세하듯이 언제인가 그 모든 불가지한 것들을 말로서 설명할 수 있을 때가 오겠지. 그 때가 되면 지금 내가 너에게 쓰고 있는 편지 한 장 같은 것으로 존재의 부조리에서 오는 모든 불안을 해결할 수 있을 거야. 편지 한 장으로 자살 같은 것을 막을 수 있겠지. 의사소통의 부재 따윈 없을 테니까…. 그 때까지 윤회를 거듭할까 우리? 전적으로 그것은 물론 너의 선택이지만…. (자유의지로 선택할 수 있을까?)

다음에 또 보자….

그리고 나는 인도를 떠서 네팔로 갔다.

항공권이 로열 네팔이었기 때문에 네팔을 거쳐 방콕을 거쳐 한국에 돌아가게 되어 있었던 것이다.

그리고 이 기착점들은 내게 새로운 여행의 불을 질렀다.

35. 지금까지

Until now

Where are you now, bright light

In this black hole of Calcutta?
The draw, the draw of which I was unaware

Where are you now, bright light?
Do you gaze into eternity?
Do your dream still exist?
Or do you dream of me
As I dream of you?

Overcast morning, Maria
Tears fell down your cheeks
I longed to kiss you
To hold you not to let go

Where are you now, bright light
In this blackhole of Calcutta?
The draw, the draw of which I unaware
… Until now

캘커타의 블랙홀 속에서
빛이여, 당신은 어디에 있는가?
알 수 없는 이 함몰, 이 추락의 정체는?

빛이여, 당신은 어디에 있는가?
당신은 영원을 바라보는가?

꿈은 아직도 거기에 존재하는가?
아니면 당신은 나를 꿈꾸고 있는가,
내가 당신을 꿈꾸듯이?

흐린 아침에, 마리아
눈물은 당신의 뺨을 타고 흘렀지
나는 당신을 가지 못하게 하려고
키스하기를 갈망했다.

캘커타의 블랙홀 안에서

빛이여, 당신은 어디에 있는가?
알 수 없는 이 함몰, 이 끌림은
… 지금까지
--- *written by unknown traveler*---

On the wall of hotel Paragon in Calcutta
- 캘커타의 파라곤 게스트 하우스의 벽에 낙서된 여행자의 시

36. 출범

선장은 주머니 속에 먼 바다로 나아가야만 열어볼 수 있는 봉인된 항해지령서를 넣고 출범했다.
그는 불안감이 사라지는 순간을 고대했다. 그러나 그러한 순간이 왔을 때 봉투를 열어보니 거기에는 온갖 화학처리를 해 보아도 글씨가 나타나지 않는 지령문이 있을 뿐이었다.
간혹 가다 글씨가 나타나기도 하고 자오선을 표시하는 숫자가 보이기도 하다가는 다시 사라져 버린다. 그러나 주머니 속에 지령문이 들어있다는 의식은 그것을 해독할 수 없었음에도 불구하고 그를 해적선의 선장과는 달리 생각하고, 행동하게끔 만들었다.

37. 티베트에서

흰 빛은 흰 열기에서 쏟아져 나오네.
우리는 점점 더 깊이 블랙홀로 들어갔고
어둠이 기억의 빛을 삼켜버렸네.
희미한 램프불빛 아래서 나는 영혼이 독수리처럼 날개를 펼치는 것을 보았지.
그들은 인간의 살을 먹었고,
우주의 시간들을 먹었네.
거리에서 흘러나오는 작은 말소리들
인생은 그렇게 얇고, 비젼은 그렇게 깊었네.
불행한 예언자가 어제 꾸었던 꿈에 관해 이야기했네.
내일은 영원의 수레바퀴위에 있고, 오늘은 먼지 낀 집의 선반에 놓여있다고
계속 꿈꾸라.
계속 걸어가라.
보이지 않는 혀가 대답했네.
태양은 히말라야의 봉우리에서 떠오르고, 독수리는 하늘을 날아 사라졌네.
꿈은 당신이 생각하는 것이고,
세상은 신들의 꿈이지.

보이지 않는 노인이 말하는 것을
나는 허물어진 사원의 만달라를 바라보며 듣고 있었네.
그리고 모든 것은 거대한 허공 속으로 사라져갔네.

White light comes from white heat
we are coming near and near to the blackhole
Darkness swallow the light of memories
In the dim lamp light I can see your soul with eagle's wing
They bite flesh of human beings
They bite time of universe
small talk on the street
Life is so shallow and vision is so deep
Unlucky prophect is talking about the dream he had yesterday
Tomorrow is on the wheel of eternity
and today is on the shelves of dusty house
Keep dreaming
Keep walking
Invisible tougue replies
Sun rises on the peak of Himalya and eagles float
away
Dream is what you think
and the world is mere dream of God
the hollow man says

I listen to it addicted in mandala on the wall of destroyed temple
And everything have vanished into the voidness

38. 카트만두로

홍콩 공항에서 출발한 비행기는 얼마 되지 않아 메콩강을 지나 어느덧 카트만두 상공을 선회하고 있었다.
창밖으로 본 카트만두는 갈색조의 낮은 콘크리트 건물로 덮여있었다.
나는 여행증명서의 여권번호를 입국신고서에 적었다.
그리고 홍콩에서 잃어버린 구 여권을 애타게 그리워했다.
홍콩에서 어처구니없는 사건으로 거액의 여행경비와 여권, 카드 등등이 날아가서 며칠간 우울증에 홧증까지 겹쳤지만 돈보다 더 아까운 것은 지난 4년간의 여행기록들을 고스란히 보관하고 있는 여권이었다.
거기에는 두 번의 유럽여행을 비롯하여 2000년 6월부터 2001년 2월까지 티베트, 인도, 네팔, 태국, 캄보디아, 베트남, 중국에 걸친 대장정의 스탬프가 찍혀있었던 것이다.
탐험가가 굳이 자신의 발자국을 기록할 필요는 없지만 나는 서툰 여행객처럼 잃어버린 입국신고의 도장들이 몹시 아까웠다.

그러나 어차피 일은 저질러진 법.

무언가를 잃었으면 또 무언가를 얻을 것이다.

그렇게 괜히 위안을 해본다.

나는 옆에 놓여 진 필름가방을 바라보며

이번 여행에서는 어떤 사람들을 만나고 무엇을 찍게 될 것인가 하는 기대감으로 설레었다.

비행기는 무사히 공항에 안착했다.

붉은 노을이 검은 아스팔트에 길게 반사되고 그 길을 걸어가는 한 소년과 아버지가 보인다.

몇 시간 전 이곳에는 비가 왔었나 보다.

그리고 소년과 아버지는 차창 밖으로 급히 사라지고 유려한 곡선의 비행기들이 시골 역 같은 카트만두의 공항에 정차해있었다.

시간은 오후 4시 반.

나는 안전벨트를 풀고 서서히 좌석에서 일어나 보관함에 넣어두었던 카메라 가방을 꺼내고 있었다.

MONEY
CHANGER
(P.) LTD.

39. 왕이 죽다.

"왕이 죽었어요."

아침을 먹으려고 게스트 하우스를 나서는데 입구에 앉아있던 나라얀 씨가 그렇게 말했다.

나는 몸을 베란다에 기대었다.

"왕만 죽은 게 아니에요. 왕실의 일가가 몰살당했어요. 왕비와 두 왕자, 그리고 공주… 심지어는 공주의 어린 아이들까지…."

그는 다 읽은 신문을 탁자에 밀어 넣었다.

"도대체 누가 그런 일을 저질렀죠?"

"신문에서는 황태자라고 하는 군요. 황태자가 자신의 결혼문제로 부모와 다투다가 총을 들고 들어와서는 모두 쏘아버렸다고."

그건 정말 믿을 수 없는 일이었다.

볼셰비키 혁명 때 로마노프 왕조가 혁명군들에게 몰살당한 것을 제외하면 이 정도 대규모의 왕가 시해사건은 네팔이 유일할 것이다.

이 사건으로 인해 왕가족이 몰살된 것은 물론이요, 왕실회의에 참석하기위해 스위스에서 온 왕의 막내 동생과 왕실의 최측근들이 살해당했다.

이제 네팔 왕조에 남아있는 사람은 마침 치톤에서 휴양차 머물고 있던 왕의 둘째동생 게렌드라와 그 자리에 있었지만 용케 화를 모면한 외아들 파르샤 뿐이었다.

어릴 때부터 제왕의 수업을 받아온 31살의 황태자가 저지른 일이라고 하기에는 너무나 끔찍한 대규모의 학살이었다.

"그게 정말일까요?"

"글쎄… 저도 믿겨지지가 않아요. 무언가 배후세력이 있을 듯도 하고… 짐작은 가지만 아직 뭐라고 얘기할 수는 없죠."

나라얀씨는 다소 당황하고 근심어린 표정이었다.

그 엄청난 사건은 바로 내가 네팔에 도착한지 이틀 만에 그것도 맥주를 마시며 생일을 자축하고 있던 6월 1일 밤에 벌어진 일이었다.

그날 하리아저씨의 집에서 한국인 배낭족 몇 명과 술을 마신 후 게스트 하우스로 돌아오면서 묘한 공포감이 들었던 것을 기억한다.

무언가 무의식적인 경계심과 공포감….

아마도 취한 상태라 괜한 과대망상증인가 했는데 정작 그 공포심의 근원은 내가 알아채지 못했던 한밤의 시해사건에서 전해져 온 것이었다.

시해사건이후 카트만두의 거리에서는 온갖 흉흉한 소문들이 돌았다. 먼저 정말 황태자가 이 모든 일의 주범일까 부터 시작해서 왕가에서 살아남은 단 하나의 혈통, 둘째왕자 게렌드라의 연류 설까지…. 황태자는 일가족을 사살하고 자신에게도 총을 쏘아 중태상태라고 하는데 일각의 의견으로는 그가 등 뒤에 총을 맞았다는 소문도 있었다.

The World's
Number One Stout!

그리고 그 일이 있은 후 왕궁에서 근무하던 150여명에 이르는 사람들이 아직 집으로 귀가하지 않았다는 것도…. 이후 그들 중 일부분은 행방불명된 것으로 밝혀졌다.

마오이스트의 득세와 현 수상이 이끄는 내각의 무능과 부패 등…. 네팔 왕가의 비극은 오랫동안 고여 왔던 히말라야 왕조의 고름을 한꺼번에 짜낸 듯 했다.

그러나 그것이 치유가 아니라 더 심각한 염증을 유발할 수도 있다는 점에서 그것은 더욱 치명적이었다.

왕실의 비극이 있고나서 바로 다음 날인 6월 2일.

왕과 왕비 그리고 둘째왕자와 공주의 장례식이 치러졌다. 보통 일반인이라도 죽으면 삼일장을 치르는 것이 관례인데 내외의 귀빈도 초청하지 않은 상태에서 허겁지겁 장례를 치른다는 것이 아무래도 수상해 보였다.

점심 겸 아침을 먹으러 타멜 거리에 있는 스몰 스타로 갔다. 이 작은 음식점은 티베트 계열의 세르파족이 운영하고 있는 곳인데 만면에 웃음을 머금고 활달하게 서비스 하는 아주머니와 버프칠리라는 튀긴 물소고기 요리를 저렴하게 먹을 수 있어서 자주 들리던 곳이었다.

그날도 나와 친구 ㅅ는 볶음밥과 버프칠리를 시켜놓고 음식이 나오기를 기다리고 있었다.

그러자 어제 스몰스타에서 본 적이 있는 파상 세르파라는 청년이 신문을 들고 우리 자리로 다가왔다.
그는 IMF가 터지기 전 한 2년간을 한국의 공장에서 일했는데 정당한 대가를 받지 못하고 고생고생 하다가 다시 네팔로 돌아왔다고 한다.
그래서인지 한국어가 유창했고 네팔에 사는 한국인들과도 친분관계가 깊었다. 나도 일 년전에 네팔교민들이 발행하는 '히말라야 소식'이라는 잡지에서 그의 한국 체류기를 읽은지라 그에 대해 약간의 면식이 있는 상태였다.
암튼 파상 세르파는 우리 자리로 와서 오늘 아침의 사건 소식을 들었냐고 물었다.
우리는 고개를 끄덕였다.
나는 그에게 왕자가 총을 쏜 것에 대해 어떻게 생각하냐고 물었더니 그는 있을 수 없는 일이라고 맞받아쳤다.
그리고 전 국왕이었던 비란드라를 포함해 국왕 삼형제에 관한 이야기를 들려주었다.
네팔 국민들은 모두 비란드라를 존경하고 있었다는 것…. 그리고 1990년대 민주화 운동 당시 왕비는 무력진압을 승인했지만 왕은 그것을 반대했다는 것….
결과는 왕비의 입김이 더 세었는지(왕비는 군사적 실권을 쥐고 있는 라나 집안 태생이었다) 무력진압을 하게 되었지만 결국 민주화 운동은 부분적 승리를 거두었고 그에 따라 왕은 군사 통수권만을 쥔 채 명

목상 왕정으로 전락하고 수상을 위시한 내각제가 수립되었다.

그래서인지 네팔국민들은 왕은 존경하지만 왕비에 대해서는 반감을 가지고 있었다고 한다.

"왕비는 11월에 태어났거든요. 우리 네팔에서는 11월에 태어난 여자는 재수가 없다고 해서 제대로 시집가지도 못해요."

파상은 이 모든 비극의 원인이 재수 없게 들인 한 여자에게 있다는 식으로 말하고 있었다.

그리고 네팔왕가와 라나 패밀리간의 오랜 밀착관계에 관한 흥미로운 이야기를 해 주었다.

1769년 나라얀 왕 때 통일 네팔이 수립되었다고는 하나 그 뒤에도 영국, 티베트와의 전쟁이 계속되고 왕비의 섭정이 이어져 실질적으로 네팔의 제도가 정비된 것은 1846년 대학살로 정권을 장악한 라나 패밀리 때였다.

이들은 땅의 소작관계를 규율하는 동시에 중세 신분제도인 카스트를 도입, 네팔은 전근대적인 계급사회로 후퇴시키고 만다. 그 후로도 라나 패밀리는 왕가와의 혼인관계를 통해 실질상의 국가적 지배세력으로의 자리를 공고히 하고 있었다.

전 국왕의 삼형제도 모두 라나 패밀리의 자매들과 혼인한 것은 물론이요, 황태자의 결혼이 문제가 된 것도 황태자가 라나 패밀리의 다른 계파의 규수와 사랑에 빠진 것이 원인이었다.

일각에서는 비렌드라 국왕의 통치에 불만을 품고 있던 라나 패밀리가 둘째동생인 가넨드라 측과 결탁하여 이번 암살을 모의했다고도 하고 여기에 친인도 세력이 개입하지 않았나 하는 분석도 나올 정도였다.

국왕과 황태자가 차례로 서거하면서 정권을 잡게 된 가넨드라 국왕은 네팔의 1급 호텔과 담배산업 등 굵직한 사업체를 가지고 있는 비즈니스맨으로 마피아와도 연관이 있다는 풍문도 돌았다. 그러나 국민들로부터는 그리 나쁜 평가도 좋은 평가도 없었던 미지근한 인물…. 그러나 그의 외아들 빠레스로 내려가면 이야기는 달라진다. 집안의 천하 망나니인 그는 함부로 여자들을 건드리고 유명 가수를 지

프차로 치여 죽이는 등
무소불위의 권력으로 법망을 희롱해왔다. 큰 아버지인 국왕으로 부터 여러 차례 경고도 받았고 여차하면 막내 작은 아버지처럼 스위스로 보내버린다고도 했을 정도….

그러나 왕가의 왕위 서열권자들이 모두 죽은 지금 그는 아버지의 대를 잇는 황태자로의 등극만을 앞두고 있었다.

바로 이에 네팔 국민들은 또다시 분노하고 말았다.

가넨드라 까지는 승인하지만 그의 아들이 왕위를 잇는 일은 없어야 된다는 것….

그래서 카트만두 곳곳에서 왕의 죽음을 정확하게 규명하라는 데모가 연일 끊이지 않았다.

데모대에서 만난 사람들은 거의 한결같이 가넨드라 일족이 이 사건을 일으킨 주범일 것이라고 믿고 있었으며 신뢰를 잃은 왕정에 대해 폐지를 주장하고 있었다.

세계에서 7번째로 부자라는 네팔의 왕조.

그러나 그들과 정치권들은 특권층의 위치를 남용하여 국가의 이익을 챙기기에만 급급했지 가난하고 무지한 국민들에게 봉사하지 않았다.

그리하여 국민들은 공산 이데올로기를 주창하고 나서는 마오이스트를 지지할 수밖에 없었고 이 공산 게릴라들은 카트만두를 제외한 거의 모든 시골 지역을 장악하면서 정국은 혼미한 상태로 접어들고 있었다.

40. 미스터 나라얀

왕궁 앞에서 데모대와 진압 경찰의 충돌이 있은 후 왕의 죽음 3일 만에 카트만두 곳곳에 계엄령이 선포되었다. 상가와 정부기관 건물들은 모두 문을 닫았고 거리에는 군인들이 다닐 뿐 개미 새끼 한 마리 통행도 허락하지 않는 그야말로 계엄령이었다.

어린애들이 문틈으로 이 광경을 지켜보며 거리를 쏜살같이 질주하는 등 장난을 치고 있었지만 나는 애만 탔다.

홍콩에서의 도난사건으로 여비가 떨어지고 시간을 지체했는데 덮친 데 엎친 격으로 네팔에서는 왕이 죽다니…. 이 계엄령이 언제까지 계속될는지는 모르지만 티베트로 넘어가는 일정이 길어질 것이라는 불안감이 현실화되는 것은 자명했다.

밖에도 나가지 못하고 게스트 하우스에만 칩거하는 시간이 길어졌다.

덕분에 나라얀씨로부터 네팔의 실정에 관한 많은 이야기를 들을 수 있었지만….

나라얀씨는 파상 세르파와 마찬가지로 그도 한국에 체류한 경험이 있는데 보통 네팔사람처럼 공장에서 일한 것이 아니라 광주의 한 전문대학에서 임상병리학을 공부했다고 한다. 그 후 광주의 한 병원 비뇨기과에서 잠시 근무했는데 이때의 경험 탓인지 한국 남자들은 성기능이 부실하다는 웃지 못할 편견을 가지고 있기도 했다.

암튼 그 몇 년간의 한국유학은 그에게 한국에 대한 자부심과 애정을 부여해주었고 타멜 거리 한 곁에 차린 그의 게스트 하우스 시타홈은 한국인 배낭족들 사이에 평판이 좋았다.
계엄령이 선포된 뒤 나와 친구를 비롯해 몇몇 배낭족들은 게스트 하우스 옥상의 부엌에서 라면을 끓여먹고 커피를 마시며 이런 저런 이야기를 교환했다.

그 중에는 네팔의 관광실태에 관한 것도 있었는데 히말라야 산맥을 보유한 네팔에 외국인 관광객이 많이 몰려드는 것은 좋지만 이것이 끼치는 부작용도 만만치 않다는 것이었다.
상대적으로 열등한 경제수준의 네팔인으로서는 관광객들이 은근히 자국민을 무시하는 태도가 거슬리고, 또 다른 한편에서는 젊은이들이 이들의 영향으로 왜곡된 서구화의 길로 들어선다는 것이다.
그리고 관광객을 노린 사기꾼들이 생겨나고 관광지 물가가 이들의 환율에 맞추어지다 보니 정작 네팔인이 여행하기에는 너무 비싼 물가가 되어버렸다는 것이었다.
그렇게 우리는 이런저런 이야기를 하다 보니 훌쩍 자정이 넘어버렸다. 이제 방으로 들어가야 되지 않나 싶어 일어나려는 나를 나라얀 씨는 한사코 잡아둔다.
"이건 아무것도 아니에요. 저는 이야기 하면서 밤새도록 앉아 있을 수도 있어요. 이 게스트 하우스를 운영하면서 찾아오는 손님들과 이렇게 이야기 할 수 있다는 거 참 좋아요. 이야기를 하다보면 제가 보지 못했던 것, 가지 못했던 것 그 모든 것을 대신 경험할 수 있어요. 그래서 나쁜 이야기를 들으면 그 나쁜 일을 하지 않게 경계할 수도 있고 좋은 이야기를 들으면 아, 그렇게 하면 좋아지는구나 알 수도 있죠. 그리고 한국말로 한국 사람들과 이야기 한다는 게 전 참 즐거워요. 옛날 생각도 많이 나고…."

그렇게 해서 나는 게스트 하우스 주인 나라얀씨에게서 이야기의 오래된 효능을 확인할 수 있었다.

41. 좋았던 네팔은 이제 사라졌어.

네팔왕가의 갑작스런 비극 덕분에 예기치 않게 카트만두에서 10일 동안 머물게 되었다.

그러나 쓸데없이 시간을 허비하고 있다기보다는 어떤 우연의 힘이 나를 이러한 역사적인 순간에 데려다놓았다는 생각에 될 수 있으면 자주 거리로 나가서 지금의 현 상황에 대해 파악하려고 노력했다.

매일 상황이 바뀌어가고 있었고 카트만두는 일촉즉발의 긴장감마저 감돌았다.

얼마 후 전 국왕의 동생이었던 가넨드라가 즉위하자 타멜에서는 대규모의 데모가 일어났다.

나와 친구 S는 카메라와 비디오카메라를 들고 거리로 나갔다.
머리를 삭발한 네팔의 청년들이 전 국왕인 비렌드라의 사진을 들고 진실을 밝히라며 데모를 하고 있었다.
타멜 거리에서 왕궁으로 가는 길까지 그들 행렬을 따라갔다.
그리고 이윽고 대로변에 이르자 데모대는 군 병력과 대치하기 시작했다. 경찰은 최루탄을 쏘고 데모대는 탄환을 피해 이 골목 저 골목으로 흩어진다.
그 와중에 한 명이 최루탄을 맞고 피를 흘리고 있었다.
주변 사람들이 몰려들어 그를 병원으로 옮기느라 동분서주하고 있다.
군인들은 트럭을 앞세우고 타멜의 거리까지 진격해 들어왔다.
손에는 총을 쥔 채 조준자세를 취하고 있었지만 발포는 하지 않고 단지 위협용이었다.
옆에서 이스라엘 여행자들이 '야, 우리나라와 똑같은 상황이다. 저 총은 모델명이 **다….'하며 떠들고 있었다.
나는 카메라를 든 채 이리저리 찍고 있었지만 손이 계속 떨리고 있었다.
데모대의 행렬 중 몇 명을 붙들고 인터뷰도 하고….
그 와중에 한 노인의 멘트가 기억에 난다.
그는 나를 슬픈 눈으로 쳐다보더니 단 한마디를 던졌다
"좋았던 네팔은 이제 사라졌어."

그래서인지 사건 이후 카트만두에는 관광객들이 현격하게 줄었다.
카트만두 외곽에서는 마오이스트들이 여전히 득세하고 있었고 네팔 왕가나 정부는 국민들의 신망을 잃고
그렇다고 내륙국인 네팔에 뚜렷한 산업기지가 있는 것도 아니고…
주로 관광업에 의존해왔던 그들에게 정치적 혼란은 바로 경제적 불황으로 이어지는 수순이 되었다.
타멜의 거리는 한산했고 네팔에 비즈니스 차 왔던 인도인들과 네팔 상류층들은 일찌감치 짐을 싸서 인접국으로 대피한 상태였다.
시타홈에 같이 묵고 있던 일본인 여행자는 며칠 동안 일본 대사관에서 대피하고 있었다고…
그러나 결국 별 위험스러운 일은 없이 조용히 모든 것이 정리되어갔다.
사건발생 후 네팔정부는 입법, 사법, 행정부 3부 요인들을 선발해 규명수사를 시작했고 결국은 처음대로
황태자의 소행임을 못 박았다.
영국의 BBC나 미국의 CNN도 이 사건을 보도하고 있었지만 황태자의 소행은 아닌 것 같다… 정도로만 요약할 뿐 사건의 실체가 누구인지는 밝히지 않고 있었다.
어떻게 보면 너무나 뻔한 사건이고 누구나 범인을 지목할 수 있었지만 왕가의 사고라는 것 때문에 모두 쉬쉬하고 있는 듯 했다.
그리고 우리는 매일 밤 시타홈에서 나라얀씨와 이번 일에 대해 이야

기 했다.

나라얀씨 또한 네팔국민의 한사람으로서 국왕의 죽음을 애도하기 위해 삭발을 했지만 왕실에 대해 그다지 좋은 인상을 가지고 있지는 않았다.

그는 이번 사건의 촉발이 된 황태자의 로맨스가 프랑스 월드컵 때 만난 라나 가문의 한 여성과 관련이 있었으며 지금 그 여자는 인도에 거주하고 있다고 했다.

왕자는 영국의 이튼스쿨을 수료했으며 네팔 왕가의 사람으로서 최고의 교육을 받은 엘리트였다고…. 그리고 왕실에 수렴첨정을 하던 라나 패밀리에 대해 반감을 가지고 있었다고 했다.

한편 네팔의 국가 자문역이라고도 할 수 있는 어느 꾸마리의 예언에 따르면 왕자는 30이 지나 늦게 결혼해야하며 그렇지 않으면 왕족들에게 큰 환난이 닥칠 거라고 했다는 것이다.

점점 이야기를 들으면 들을수록 왕가의 사람들 역시 국민들과 정치권으로부터 고립되어 있었다는 인상을 지울 수가 없었다.

거리 곳곳에는 비렌드라 국왕 일가족에 대한 사진이 붙어 있었고 그들을 애도하는 사람들의 물결이 넘쳐나고 있었다.

그러나 그날 저녁 스몰스타에서 뚱바를 마시다가 만난 네팔 학생들처럼 자신이 '마오이스트'라고 자랑스럽게 밝히고 투쟁을 계속할거라는 사람들도 많았다.

하리 아저씨는 이번 사태가 전근대적 국가에서 근대적 국가로 이행하기 위해 치르고 있는 비싼 수업료라고 했다. 그리고 지금 국민들이 보여준 이 폭발력이 다소 진정된 듯하지만 계속 에너지를 가지고 다음 어떤 일이 발생했을 때 다시 폭발할 지도 모른다고….

그러나 네팔의 현 상황은 다시 과거로 후퇴한 듯싶었다. 부당하게 가넨드라가 즉위하면서 왕실은 국민들로부터 멀어졌으며 이번 사태의 배후조종자인 라나 패밀리의 득세가 예상되었기 때문이었다. 그리고 이에 대항하는 마오이스트의 저항이 더 거세지는 것은 불 보듯 뻔한 일이었다.

타멜 거리를 걷다가 누군가가 벽에 낙서해놓은 것을 보았다.

모든 인간은 평등하다.
지금이 아니면 어디에서(내세에서?) 행복을 얻을 수 있는가?

그것은 150년 전 네팔을 인도와 같은 카스트제도의 사회로 내몰았던 인습의 틀을 정면으로 부정하고 있었다.

42. 하리 아저씨

카트만두에 와서 가장 만나보고 싶었던 사람은 바로 이 하리 아저씨였다.

하리 아저씨는 나이를 짐작할 수 없는 외모에 머리는 온통 레게 파마이고 항상 주황색 옷을 입고 다녔다.

그래서 한국 음식점 '김치 하우스'에서 그를 보았을 때 나는 요란한 복장의 일본인 배낭족으로 치부해버렸다. 그러나 이 기괴한 외모에서 진주 사투리가 튀어나오는 것이 아닌가?

그는 여자 친구에게 라오스에 간 이야기를 하고 있었다. 그 곳에서 나비를 채집하고 있는 프랑스 사람 이야기를 했는데 그것이 묘하게 귀를 끌어당겼다.

그래서 우연히 합석을 하게 되었고 그 자리에 있던 한국인 스님, 철학과를 졸업했다는 예쁘장한 그의 여자친구 등과 어울려 밤을 새며 토론을 벌이던 기억이 있다.

이야기를 나누면서도 그의 내공이 보통이 아니라는 것을 느낄 수 있었는데 그는 10년이 넘게 인도와 네팔을 떠돌고 있었고 그 중 5년간은 인도의 사두(힌두교 사제) 학교를 다니기도 했다고 한다. 그가 항상 주황색 옷을 입는 것도 그런 맥락에서였다. (인도의 사두 복장이 바로 주황색 가사이다)

그리고 지금 그는 10개월째 네팔에 머물며 물소의 뼈를 깎아 피어싱 액세서리를 만드는 사업을 하고 있었다. 돈이 좀 되는지는 모르지만 이대 근처의 가게에 납품도 한다고 했다.

스몰스타에서 한국인 여행자들과 술을 마시는 모습을 마지막으로 보았는데 그때 그의 여자 친구는 분홍빛 두건을 쓰고 있었다. 해맑은 얼굴을 감싸고 있는 그 빛깔이 고와서 한마디 했더니 실은 그저께 공장에서 액세서리를 만들다가 칼이 튀어서 머리에 부상을 당한 것이라 했다. 그리고 그 분홍빛 두건은 하리 아저씨의 로띠(천으로 둘러입는 남자 스커트) 라나….

암튼 카투만두의 타멜 거리에서 하리 아저씨는 유명한 존재였다.

그래서 나는 굳이 찾지 않더라도 그를 다시 만날 것을 믿고 있었다.

그래서인가.

도착한지 하루도 안 되어 타멜 거리를 걷고 있는데 갑자기 비가 왔다. 거세게 떨어지는 물방울을 가게의 처마에 숨어 피하고 있는데 저 멀리서 머리를 함부로 헝클어뜨린 자그마한 사람이 걸어오고 있는 것이 아닌가.

바로 하리 아저씨였다.

그는 나를 보더니 눈을 크게 치뜨며

"또 왔어?"

라고 말했다.

그리고는 어제 본 사람처럼 선선히

"짱에 가서 차나 한 잔 할까?"

하고 말하는 것이 아닌가.

카트만두의 배낭족들의 메카 타멜 거리에는 기념품 가게, 레스토랑,

서점 등 관광객들을 위한 상점들이 넘쳐났다. 그 중에는 한국 음식점도 서너 개 있는데 한국 산악 원정단이 주로 묵는다는 빌라 에베레스트(이 집의 특별메뉴는 통돼지 바비큐. 20달러정도면 20명의 사람들이 배불리 먹을 수 있다) 한국에서 일하다 돌아온 가네쉬씨가 차린 '김치하우스', 당찬 한국아가씨 네 명이 동업하여 차린 인사동 주점분위기의 '짱'이라는 음식점이 있었다. 이곳은 아늑한 조명과 한국음악이 흘러나와 비 오는 날 차 한 잔 하기에는 딱이었다.

우리는 레몬차를 시켜놓고 이런 저런 이야기를 나누었다.

"저번에 봤던 여자친구분도 아직 같이 계세요?"

"아니, 작년 11월에 한국으로 돌아갔어. 마냥 여기에 있을 수만은 없잖아. 사람의 인연이라는 것이 그런 거야. 서로 헤어지는가 하면 다시 누군가를 만나기도 하고…. 이 모든 것이 끝없는 운명의 드라마라구. 오늘 우리도 비 덕분에 만났으니까 말이야. 그런데 이번에는 어디로 갈려고 그래?"

"티베트로요. 예전부터 티베트의 카일라쉬에 가보고 싶었거든요. 성산에서 기도 한번 받아보고…. 그동안 해오던 프로젝트의 방점과도 같은 곳이라고나 할까요."

"카일라쉬? 좋지. 아침에 거기 앉아 명상하고 있으면 말이야, 새벽에 처음 만나는 사람이 자네의 스승일걸세. 하하하…."

하리 아저씨는 너털웃음을 웃었다.

"그럴까요? 정말 그런 스승 같은 사람을 만날 수 있을까요?"

"우주는 자네가 소망하는 것을 중심으로 돌고 있지. 스승을 만나고자 하는 소망을 강렬하게 품고 있다면 그 의지가 누군가에게 전달되어 그 사람이 자네에게로 다가오는 거야. 그러나 그것이 진짜 스승인지는 알 수 없지. 모든 것이 관념의 장난일 뿐일지도 모르니까."

하리 아저씨는 하나의 동굴을 만들고 다시 또 다른 산으로써 그 굴을 덮어버렸다.

주변의 공기가 점점 더 강렬하고 정확하게 인식되기 시작했다.

우리가 나누고 있는 대화, 테이프에서 플레이 되고 있는 음악의 진실을 나는 알 수 있을 듯 했다.

그러나 그것은 고정된 표본이 아니라 단지 순간의 감각으로 접해질 뿐이었다.

하리 아저씨는 여자 분이 떠나고 난 후 자주 술을 마신다고 했다.

정기적으로 마신지 3달이 되어간다면서….

그리고는 쓸쓸하게 웃었다.

그는 조금씩 취해가기 시작했다.

43. 티베트로 가는 길

국왕소요사태가 어느덧 진정이 되고 나와 S는 티베트로 가는 길을 본격적으로 알아보기 시작했다.

그러나 여행사를 들르면 비행기 표나 차비를 제외한 100불 정도의 허가비를 요구했다.

"허가비? 그게 도대체 뭐에요?"

"네팔과 중국 간에는 협정이 체결되어 있어요. 특히 티베트는 쉽게 개방이 되지 않는 지역이기 때문에 여행사의 단체 투어에 참가하지 않고 개인 자격으로는 갈 수가 없지요. 그래서 네팔에서 티베트로 들어가려면 투어에 참가해야하고 또한 중국정부에 허가비를 내야합니다."

물론 그전부터 알고 있는 정보였지만 생돈 100불이 나갈 생각을 하니 갑자기 배가 아파지기 시작했다.

어떻게 하면 허가비를 안내고 티베트로 가나하며 타멜 거리에 있는 여행사를 다 돌아보았지만 뾰족한 수가 없었다.

가격 차이는 20, 30불 가량 나기는 했으나 육로를 이용한 투어를 선택할 수밖에 없는 처지….

저녁에 스몰스타를 갔더니 파상셀파가 자기도 1년 전에 티베트에 갔다면서 국경지대에 티베트로 넘어가는 버스가 있다고 했다.

그러나 몹시 불편하고 중간에 트럭으로 히치하이크를 해야 하는데 장난이 아니라고….

결국 고민하다가 허가비를 주고 랜드 크루저로 티베트를 방문하는 4박5일간의 투어를 신청했다.

시타홈을 떠나는 마지막 날,

나라얀씨는 아껴두었던 인삼차를 우리에게 타 주며

3개월 후 다시 볼 것을 기약했다.

국왕사건 이후 네팔의 경제가 급격히 나빠지자 (그전에도 불황이긴 했지만) 나라얀씨는 부쩍 궁리에 궁리를 거듭하는 모습이었다.

s에게 미국이민에 대해서도 물어보고 저번에 인도의 아삼지방에서 온 비즈너스 맨이 그 곳에 산삼이 많이 난다고 했다는 소리도 했다.

s는 다소 의아한 표정으로 산삼은 한 군데에서 많이 나는 작물이 아니며 특히 아삼지방처럼 습한 기후의 땅에서는 뿌리가 썩기 때문에 자라기에 적합한 곳이 아니라고 말했다.

그러자 나라얀씨는 한사코 분명 그건 산삼이었다면서

한 달 후에 그 사람이 산삼을 들고 카트만두로 입성할거라나….

믿을 수 없었지만 그렇게나마 나라얀씨는 어떤 희망을 잡아보려고 하는 듯 했다.

우리는 3달 후 다시 카트만두로 돌아올 것을 약속하고 그때 나라얀씨의 산삼을 기약했다.

44. 프렌드쉽 하이웨이

새벽에 타멜 거리에서 지프차를 타고 4-5시간이 걸려 네팔과 티베트 국경마을, 코다리에 도착했다.
국경마을에는 작은 다리가 있었다.
이 다리를 건너 다시 산을 올라가면 중국 국경이 나온다.
얼마 안 되는 거리에서 네팔사람들과 중국 군인들의 인민복이 바뀌는 광경이 드라마틱했다.
지프차를 타고 중국 국경 측에 이르자 차 앞으로 환전상들이 몰려온다. 그중에는 티베트인 복장의 남자도 있었고 낡은 양복을 입은 중국인, 유난히 살결이 뽀얗고 당찬 사천에서 온 중국여자도 있었다.
이들은 하나같이 필사적으로 한손에는 중국 돈과 다른 한손에는 전자계산기를 들고 달러나 네팔화폐를 중국 돈 원으로 바꾸어주었다.

루나 트랙에서 함께 티베트로 간 사람들은 약 15명가량, 나와 S를 비롯한 또 한 명의 한국인 여행자와 미국인, 네덜란드인, 대만인, 그리고 이스라엘인들이 섞여 있었다.
우리 차에는 나와 S, 그리고 또 한 명의 한국인 여행자와 두 이스라엘 남자애들이 탔다.
우리와 함께 가게 된 한국인 여행자는 나와 비슷한 또래로 데모대 행렬이 있던 무렵 타멜의 거리에서 만나게 되었다. 그는 오 마이 뉴스의 기자 겸 웹디자이너로 디지털 쌀집이라는 인터넷 사이트도 운영하고 있었다.

여행을 오기 전 그 사이트에서 인도에 관한 동영상을 보았던 터라 여기서 만나게 된 것이 반가웠다.

그는 이번이 인도와 네팔 지역을 세 번째 여행하는 것인데 첫 번째는 카메라를 가져와서 사진을 찍었고 두 번째는 비디오카메라를 가져와 동영상을 찍었으며 이번에는 짐을 대폭 줄여 디지털카메라를 가져왔다고 했다. 그가 찍은 디지털 풀리지를 보며 네팔에서의 기억을 다시 상기할 수 있었다.

그리고 네팔 현 상황에 대한 서로의 의견을 교환했다.

그는 이번에는 티베트를 거쳐 중국을 돌아본 후 다시 한국으로 갈 예정이라고 했다.

나머지 두 이스라엘 남자애들은 이스라엘 여행자들이 대부분 그러하듯이 국방의 의무를 마치고 월드투어중이라고 했다.

이들은 스리랑카, 인도를 거쳐 네팔, 중국, 내몽고, 오스트레일리아까지 그야말로 갈 길이 먼 청년들이었다.

S는 그동안 여행한 경험을 토대로 베이징에서는 무슨 호텔에 가라, 티베트에서 중국으로는 이쪽 루트를 택하라 등등 정보를 주고 있었고 이들은 그런 시시콜콜한 이야기를 하루 종일 하면서 다음 여정에 대한 기대감으로 들떠있었다.

이야기 도중에도 역시 유태인답게 각 지역의 물가수준에 민감했다.

"아무도 유태인을 엿 먹일 수 없다."

이들이 여행을 하며 얻은 지론이었다.

하긴 인도 네팔 여행을 하면서 수많은 유태인들을 보았지만 현지물가에 대해서나 가격을 깎는데 있어 이들만큼 탁월한 수완을 가진 종족들은 본 적이 없다. 그러나 흠이라면 너무 몰려다니고, 현지인들에게 이상한 우월심을 가지고 있으며 이러한 합리적인 태도가 때로는 버릇없는 우월심으로 이어진다는 것이었다.

게다가 대부분의 이스라엘 여행자들이 군에서 국방의 의무를 마친 20대 초반에 여행을 떠나는 바, 그동안 좁은 국토와 조직에 매여 있다가 갑자기 풀어져 너무 자유로워지는 것도 종종 목격할 수 있었다.

나는 요셉과 조지의 관계를 물었다.

그러니 작고 쾌활한 요셉이

"우리는 형제야."

하고 명쾌하게 대답했다.

나는 두 명의 얼굴을 다시 들여다보았다.

요셉은 키가 작고 다부지고 머리와 눈이 온통 검다.

그에 비해 조지는 키가 크고 갈색 눈에 금발머리… 외모의 어디를 보아도 닮은 흔적이 없었다. 나는 아마도 이복형제쯤 되나보다 하고 결론을 내릴 수밖에….

그러자 조지가 의아해하는 나의 표정을 보더니 조금 정정해주었다.

"우리는 같은 키부츠에서 자랐어."

그때서야 나는 그 의미를 이해할 수 있었다.

지금은 키부츠를 이탈하는 사람들이 많아지고 있지만 한창 시오니즘이 강세를 떨치고 유태인들이 처음 이스라엘에 정착하게 되었을 때 키부츠라는 공동체는 이들 사회의 최소단위이자 개척의 씨앗이 되었다.

그리하여 시리아계 유태인인 요셉과 아르헨티나에서 온 독일계 조지가 함께 그 곳에서 태어나고 교육을 받게 된 것이었다.

이들은 여행을 나오기 전에는 한 번도 이스라엘 밖을 나가본 적이 없을 뿐더러 키부츠 밖도 나가본 적이 없었다고 했다.

나는 이들에 있어서 여행의 의미를 알 수 있을 듯 했다. 그리고 왜 만나는 이스라엘 애들마다 탐욕스럽게 세계의 곳곳을 누비고 싶어 하는지도….

45. 방랑자

오후에 네팔 국경을 출발하여 하루를 꼬박 달렸다.

그리하여 라일람이라는 작은 마을에 이르렀다.

이곳은 네팔 국경과 라사를 잇는 간이역 같은 곳이라 게스트 하우스와 식당이 몇 개 있었다. 우리 일행들은 하루간의 여독에 다소 지쳐 숙소에 들어섰다.

그런데 이때부터 일이 꼬이기 시작했다.

여행사측에서 숙박비를 요구하기 시작했기 때문.

웬 숙박비?

4박 5일간 라사투어에 포함되어 있는 게 숙박비인데….

그러자 티베트 운전사와 가이드는 난색을 표하며 자신들은 교통편의만을 제공할 뿐 숙박비는 개별 여행자들이 부담하는 것으로 알고 있다고 하는 것이 아닌가.

네팔 여행사측의 농간이었다.

국경에서 네팔 여행사측이 관광객들을 티베트 여행사측으로 넘겨주기 때문에 티베트인들에게 책임소재를 따지기도 애매한 면이 있었다. 당연히 우리는 항의를 계속했지만 티베트 사람들도 들은 바 없다고 하는 바람에…. 모두 뿌드득 이를 갈며 몇 푼 안 되지만 숙박비를 내야했다.

나중에 네팔에 다시 돌아가면 루나 트랙 쪽에 따지리라 마음먹으며 그러자 티베트 전통복장을 한 여자가 볼에 배시시 웃음을 지으며 우리를 방으로 안내한다.

3-4개의 간이침대가 놓여 진 간출한 방이었다.

나는 침대 옆에 놓아둔 보온병에서 차를 따라 마시며 창밖을 보았다.

S가 말했다.

"우리가 지금 어디에 있는지 알아? 지도에서 하얀 등고선이 있는 곳 있지? 그 곳에 와 있는 거야. 세계에서 가장 광활한 고산지대. 아시아를 관통하는 네 개의 성스러운 강이 시작되는 곳(인도 갠지스강의 두 지류, 인도차이나 반도의 메콩강, 중국의 황하강)

그리고 달라이 라마의 고향에 말이야. 저 풍경들을 봐. 지구에서 이런 곳은 여기밖에 없어."

나는 어둠이 내려오고 있는 창밖으로 펼쳐진 광활한 산들을 바라보았다. 낮이 되면 이 어두운 하늘은 지나치게 푸르러진다. 짙은 남빛과 미친 듯 손을 뻗치고 있는 구름들. 하늘은 땅에 너무 가깝고 길은 어디에서도 끝나지 않는다. 그리하여 티베트의 건국신화에는 하늘에서 7명의 선인들이 마법의 사다리를 타고 내려왔다고 되어 있다. 그리고 그들이 죽으면 다시 이 사다리를 타고 자신이 왔던 곳으로 돌아가게 되는 것이었다. 그러나 이들 왕간의 반목 끝에 여덟 번째 왕이 사다리를 끊어버렸으며 그리하여 그 후의 왕들이 죽으면 이집트의 파라오처럼 많은 재물과 신하들을 거느린 채 매장하게 되었다고 한다.

언젠가 부산으로 다큐멘터리 작업 차 내려간 친구와의 통화가 기억난다. 이런 저런 이야기를 나누다가

"난 집이 없었으면 좋겠어."

하고 그는 불쑥 말한다.

"도대체 무슨 소리야?"

"그래야 돌아갈 곳이 없을 거 아냐."

뜬금없는 그의 감상이 다소 실소를 자아냈지만 나는 그 밤의 대화가 그에게는 빙산의 일각 같은 순간이었다고 기억한다.

그리하여 선인들은 고산지대에 그들의 왕국을 건설했다. 첫 번째 왕조는 야룽(Yarlung)계곡에 자리 잡고 있었고

세월이 지남에 따라 그들은 더 많은 부족들과 영토를 복속하게 되어 주변나라의 호족들을 아울러 군사적인 네트워크를 구성하게 되었다.

이들의 문화는 수세기동안 성공적으로 번영의 길을 걸어왔으며 주변 저지대의 나라들은 티베트를 쉽게 침공하지 못했다. (아마도 고산지대에서의 싸움이 그들에게는 무리였었을 터) 그리하여 그들은 외부의 간섭 없이 자신의 고유한 문화를 발전시켜 올 수 있었던 것이다. 그리하여 그들은 더욱 더 강대해졌고 주변국인 중국, 터키, 몽고, 페르시아와 인도에까지 그들의 명성을 떨치게 되었다.

7세기 초에 소젠 감보 왕대에 이르러 티베트는 더 이상 팽창할 수 없을 만큼 광대한 영토를 가지게 되었고 이때쯤 하여 봉건적인 군사문화를 좀 더 문명화되고 영적인 문화로 바꾸려는 시도가 일어나게 되었다.

이 일을 착수하기 위하여 소젠 감보는 주변 아시아 국가들의 문화를 연구하다가 인도의 팔라와 굽타왕조의 사상적 뼈대를 이루고 있는 불교문화에 주목하게 되었다. 그래서 그는 이 문명을 받아들이기 위해 인도로 학자들을 보내어 산스크리트어를 배우게 하고 그것으로부터 티베트 문자를 만들어내어 방대한 불교경전들을 번역하게 하였다.

그는 네팔과 중국의 당나라를 위시한 주변국의 9명의 공주들과 결혼하여 예물로 불교의 예술품과 경전을 티베트로 가져오게 했으며 라사와 그 주변에 절을 짓기 시작하였다.

그 후 2세기 반 동안 그의 후계자들은 이러한 불교문화의 유입에 관한 노력을 계속해왔으며 790년에는 이러한 것들이 절정에 이르러 트리송 텐첸 왕은 인도의 요기 파드마삼바바의 도움으로 삼에(Samye)에 최초의 불교 수도원을 세웠다. 이곳은 인도의 불교대학에서 들여온 시스템과 커리큘럼을 갖추었으며 불교철학뿐 아니라 수학, 의학, 정치, 건축, 시 등도 가르쳤다.

학자들은 페르시아, 인디아, 몽고, 당나라, 실크로드의 주변국 등에서 초청되었으며 인간과 자연에 관한 최고의 진리를 찾기 위해 연구에 몰두했다.

예를 들자면 830년에는 전 세계의 모든 학자들이 모여들어 20년 동안 인도와 중국, 페르시아, 몽고의 의료시스템을 연구하여 불교의 영적인 기술에 기반을 둔 티베트의 독특한 의료시스템을 갖추기 위해 노력했던 것이다.
이리하여 티베트 사람들은 점점 더 불교에 귀의하여 교육받게 되었고 국가는 불교 수도원을 전국 방방곡곡에 짓기 시작하였다.

이 모든 시작은 돌아갈 곳을 잃은 하늘에서 온 7명의 선인들로 부터 비롯되었다.
믿거나 말거나….

46. 나는 과거를 기억하지 않는다.

라일람을 거쳐 라체에 도착했다.
하루 종일 랜드크루저 안에서 풍경을 바라보았다.
스팅의 '천년의 시간들'을 들으며
모로코 풍의 아랍음악이 가미된 멋진 곡이었다.
나는 하루 종일 그 곡만 들었던 것 같다.
쌀집 아들이라는 윤호씨는 라디오 헤드의 팬이라며 하루 종일 라디오 헤드를 들었다.
라디오 헤드….
그런데 티베트에서 듣기에는 좀 우울하지 않아여?

가끔 여행을 다니며 이런 생각을 해보았다.

내가 돈이 많아서 누군가의 스폰서가 될 수 있다면
어어부 밴드를 꼬드겨 인도여행 하라고 돈을 대주고 싶다. 그 대신 조건이 있다. 여행 후에 앨범을 발매하는 것이다. 트래블 다이어리와 같은 앨범을….
그리고 김윤아 독집 앨범처럼 책도 같이 출판하고….
멋진 기획 아닌가?
불운하게도 난 그다지 돈이 없고 꿈만 있는 정상적인
보통사람이지만 언제 한번 어어부 밴드 만나면 그렇게 꼬드겨 봐야지.
여행 한 번 갔다 와봐여 라고….
이번에 발매되어 그래미상을 석권한 스팅의 앨범 'All the time'에는 아랍 풍, 재즈 풍, 프랑스 힙합 풍 등 다양한 지역음악들이 섞여있었다. 나는 언젠가 우리나라의 음악계에도 이러한 세계의 민속음악으로부터 원천을 발견하는 다양한 시도들이 생겨나길 기대해본다. 음악으로 세계여행이라… 멋지지 않은가?

암튼 하루 종일 스팅만 듣다가 도착해보니 라체라는 마을이었다.
라일람 보다는 좀 크고 더 현대적이었다.
랜드 크루저 아저씨는 중국식 여관대신 티베트 식으로 지어놓은 게스트 하우스 앞에 차를 세운다.
어제부터 숙박문제로 불만이 많던 조지와 요셉은 이번에도 여기 숙박비가 좀 과하다고 생각했나보다.

이번이 티베트는 3번째라는 영국인 톰의 말도 무시하고
자기네들은 더 싼 숙소를 찾아보겠다며 게스트 하우스를 나가버렸다.
그래, 진짜 유태인답다.
그러며 나는 숙소 앞에 딸려있는 작은 식당에서 저녁을 먹기로 했다.
메뉴는 뚝바와 모모… (티베트 식 국수와 만두)
그러나 라체에 오기 전 5000미터가 넘는 패스를 넘다보니 머리도 띵하고 속도 울렁거려 식욕이 없었다. 벌써 S는 머리가 깨질듯 하다고 침대에 누웠고 윤호씨도 아침에 먹은 감자가 체한 것 같아서 식사생각이 없다고 했다.

고산증 초기증세들이었다.

덕분에 나만 혼자 식당에 가야했지만….

그러다가 짐을 정리하고 식당에 들어서는 톰과 피터, 제니퍼를 만났다.

톰은 아까도 말했듯이 티베트에 꽤 자주 오는듯한 영국인 중년남자였는데 노트북까지 가지고 다니는 것으로 보아서 글을 쓰고 있는 듯했다. 덕분에 티베트의 물가사정이라든지 라사의 숙식정보에 관해 많은 도움을 얻었다. 그리고 제니퍼는 네덜란드에서 왔는데 트레킹이 취미인지라 세계 각국의 산을 가 보았다고 했다.

작년에는 아프리카의 킬리만자로를 갔고 올해는 티베트를 거쳐 파키스탄의 K2로 가볼 생각이라고

하기야 네덜란드는 자전거 타기에 딱 좋다는 굴곡 없는 저지대 국가인지라 제니퍼가 험준한 산들에 느끼는 매력을 이해할 듯싶었다.

그리고 제니퍼 옆의 피터는 미국인으로 여행오기 전 10년 동안 어느 자그마한 대학에서 교수생활을 했다고 한다.

지금은 학교를 그만두고 세계여행중인데 우리나라도 들른 적이 있다고

일본 시모노세키에서 배를 타고 부산항에 간 적이 있었단다.

그리고 서울을 거쳐 북한도 갈 계획이었다고

"북한요? 북한은 못가요."

남한사람들이 다 그렇게 얘기하길래 중국국경에서 다시 북한으로의 입국도 시도해보았다.

당연히 안 되지….
그러다가 루트를 발견했는데 그건 좀 돌아가는 코스였단다. 캐나다에서 북한 투어가 있는데 참가하려면 5000달러를 내야한다고…. 너무 비싸서 지금은 참가할 수 없지만 언젠가 기회가 되면 북한도 가볼 생각이라고….
서로 각자의 여행루트를 얘기하다가 피터가 다시 또 흥미로운 이야기를 시작했다.
"하긴 여행 다니다 보면 여러 사람들을 만나는데 말이야, 난 동남아 여행할 때 만난 친구를 잊을 수가 없어. 그때 나는 단체 투어에 참가했고 그도 그 팀의 일원중의 하나였지. 그런데 그는 기억상실증을 앓고 있었어. 여행을 떠날 때 부인은 그런 그가 너무 걱정이 되어서 목에 흰 스카프를 둘러주었지. 길을 잃어버리거나 일행을 잃어버렸을 때 누군가가 그를 발견할 수 있도록 말이야. 정말 유쾌하고 멋진 사람이었어. 그런데 웃긴 거는 그렇게 친하게 지냈는데 하룻밤 자고 나면 다 까먹고 만다는 거지. 난 항상 그 사람에게는 새로운 친구였던 거야."

"그러면 좀 스트레스 받지 않나요? 매번 다시 소개하고 이야기 한다는 것이?"

"아니, 멋졌어. 그건 정말 멋진 경험이었어."

천년의 시간동안 항상 새로운 날들이 계속된다면 인생은 정말 멋지지 않을까.

순간.

그리고 곧 잊혀지는 순간.

그럼에도 불구하고 계속되는 우주의 수레바퀴, 시간.

당신은 아직도 당신이 전생에서 티베트의 라마였다는 것을 믿고 있는가?

당신은 전생에 당신이 티베트의 라마승이었다는 것을 믿고 있나요?

나는 그것을 믿지 않아. 다만 그것을 알고 있을 뿐이지.

'천년의 시간들'은 이러한 기억상실증의 윤회에 관한 노래였다.

"천년의 시간들"

천년의 시간과 또 그보다 더한

천년의 시간과 영원으로 이르는 수백만 개의 문들

나는 아마도 천개의 삶과 천년의 시간들을 살았으리라
영혼의 탑으로의
그리고 끝없는 층계를 오르고 있네
만약 그것이 또 한 번 천년의 세월과 천 번의 전쟁을 거친다하더라도
그 탑은 우주로 무한하게 올라갈 것이네
나는 수백만 번 눈물을 흘리고 수백만 번 숨 쉴 수 있었지
나는 수백만 개의 이름이 있었지만 오직 단하나의 진실의 얼굴을
가지고 있다네
수백만의 길과 수백만의 두려움들
수백만의 태양과 수천만의 불확실한 시간들
나는 수백만 개의 거짓말을 할 수 있고, 수백만 개의 노래를 부를 수
있지
이 시간 안에서 수백 만의 옳은 것과 수백 만의 그른 것들
하지만 만약 거기에 단 하나의 진실과 단 하나의 빛이 있다면
단 하나의 사상과 단 하나의 완전에 이르는 순간이 있다면
그때 나는 이 하나의 진실과 이 하나의 불꽃을 따르겠네
오래도록 나를 떠나지 않는 당신의 얼굴
나는 여전히 당신을 사랑한다네
나는 여전히 당신을 원한다네
마치 은하수가 머릿속을 떠돌듯이

천개의 미스테리는 펼쳐지고

나는 아마도 무한하고 순수할 테지

나는 아마도 많은 것을 알 테지만, 또한 그것에 무지하겠지

나는 아마 왕들과 함께 말을 타고 달리며 수많은 나라를 정복했겠지

나는 아마 이 카드게임에서 이길거야. 하지만 또한 그것을 놓아버릴 수 있겠지

나는 아마도 미사일로 천년의 시간을 파괴할 수도 있겠지

그러한 운으로 다시 태어나 그전의 시간을 심판할 수도 있겠지

그렇지 않으면 순례자의 망토를 입거나 거리의 도둑이 될 수도 있겠지

나는 이러한 것들을 알고 있지만 단 하나의 것만을 믿는다네

나는 여전히 당신을 사랑해

나는 여전히 당신을 원해

마치 은하수가 머릿속을 떠돌듯이

천개의 미스테리는 펼쳐지고

계속해서 그 신비는 실타래에서 풀려나오네

영원은 침묵하고 있네

당신이 나를 사랑할 때까지

47. 강체

우리가 세 번째로 여장을 푼 강체는 티베트에서 세 번째로 큰 도시였다. 그러나 중국에 복속되면서 네팔, 부탄, 시킴을 이어주는 교통의 요지로서의 장점이 퇴색하고 중국 사천성과 경계를 마주하고 있는 동부지방들이 발전함에 따라 예전처럼 번영을 누리지는 못하고 있는 것 같았다.
그러나 샤카파의 한 계파였던 강체의 왕국이 있었던 주도답게 고풍스러운 자취들이 남아있었다.

먼저 강체에서 가장 눈에 띄는 것은 산등성이에 자리 잡은 성벽과 펠코쵸드 사원이었다.

티베트 사원의 특징을 들자면 한이 없겠지만 가장 인상 깊은 것은 그 붉은 색채이다. 어둠속에서 서서히 드러나는 벽화. 촌부들의 굵은 손으로 켜는 버터 등잔의 불빛. 천창으로 비스듬히 떨어지는 태양. 승려들의 붉은 가사가 개어져있는 대웅전의 자리들. 거대한 황금빛 불상. 벽을 채우고 있는 낡은 경전들. 비질하는 어린 꼬마 승. 조그맣게 그러나 끊임없이 읊조리는 옴마니 반메훔. "연꽃에서 핀 보석."

나에겐 이 모든 것이 붉은 색채를 띄고 있다.
노을 속에서 산란하는 빛처럼.
티베트의 사원은 온갖 이미지들이 폭포수처럼 떨어진다.
그 중에서 가장 많은 이미지들을 보유하고 있는 것이
펠코쵸드 사원 옆에 있는 9층 높이의 쿤붐이라고 불리는 탑일 것이다.
이 탑은 팔각형 형상의 평면으로 75개의 예배당과 108개의 문을 가지고 있다. 그것은 영혼의 길과 탄트라를 구현한 3차원의 만달라 형상이었는데 각각의 문을 열고 마주치게 된 불상과 벽화들은 놀랍도록 생생하고 그로테스크했다.
처음에는 일일이 가이드북을 참조하며 불상의 정체를 확인했지만 너무도 많아서 나중에는 좀 질려버리고 말았다.
양손에 창을 들고 기괴한 괴물의 형상을 한 수호신들,
해골을 낀 삼지창을 들고 있는 파드바삼바바. 손이 천개인 천수보살. 석가모니와 여래상들, 소첸감보 왕과 송가파의 상들. 라마상들… 등등…. 다 보고 10층의 옥상에 나와 앉으니 마치 에스에프 영화에 나오는 괴물들의 나라를 통과한 기분(이런 기분이면 좀 불손하지 않을까 싶은데….) 암튼 그 이미지의 막대한 힘에 압도되었다.

48. 라사

4일간의 긴 여정 끝에 차는 라사로 접어들었다. 도로의 초입부터 입성을 환영하기라도 하듯이 길은 아스팔트로 닦여져 있었다. 그리고 길 위에 늘어선 현대식 건물들…. 가끔 전통가옥구조의 흰 벽돌집이 보였지만 대부분은 중국간판이 걸려 진 백화점이거나 우체국이거나 식당들이다. 로타리에는 황금빛을 한 야크 동상이 서 있고 배경처럼 커다란 간판에는 중국 소수민족 소녀들이 민속의상을 입고 웃고 있다. 1년 전 뉴스위크에서 티베트에 한족들이 몰려오고 있다… 라는 기사를 보았지만 이제는 거의 한족들이 티베트의 경제권과 행정권을 장악한 듯이 보인다.

우리나라의 조계사에 해당되는 티베트 최고의 사찰인 조캉 사원 앞에는 보도블록이 깔린 공원이 조성되어 있고 포탈라 궁 앞에조차 유원지와 중국식 연못이 파여져 있다. 사람들은 거기에서 페달을 밟으며 장난감 배 같은 것을 탄다.

2008년 베이징 올림픽이 열리게 될 즈음이면 티베트까지 철도가 들어온다고 했다.

이제 티베트는 더 이상 고립된 은자의 나라 샹그릴라가 아니었다.

하긴 샹그릴라는 단어조차 무언가를 갈망하고 있던 외지인들이 붙인 명칭이겠지만….

일찍이 달라이 라마는 우리 민족은 아주 현실적이며 실용적인 사람들이다… 라고 말한바 있다.

790년경 트리송 탄젠 왕은 티베트 불교를 확립하기 위해 인도에서 파드바삼바바라는 요기를 초청하긴 했지만 그와 함께 수학, 의술, 정치제도, 그리고 건축을 연구하기 위해 인도, 페르시아, 중국, 몽고로부터 기술자들과 학자들을 초빙했다. 이들은 60년 동안 아시아 각지의 모든 자료를 그야말로 긁어모았다. 그리고 티베트인들은 불교경전을 번역하는 한편 이와 같은 기술서의 자료를 번역했다.

어떻게 보면 인간의 정신과 죽음에 관해 탐구한 티베트의 불교도 인간의 실존에 있어 가장 실용적인 학문이었는지도 모른다.

라사에서 묵은 호텔은 끼레이 호텔이라는 곳이었다.
우리말로 하면 길일(좋은날) 호텔쯤 될까. 중정 형으로 안마당을 두고 그 주위를 회랑처럼 둘러싼 방들이 있는 3층짜리 건물이었다. 건물의 입구에서는 티베트 복장을 하고 갈색 선글라스를 낀 40대의 여자가 카운터를 보고 있었다. 회랑을 다니며 청소를 하고 물을 갈아주고 있는 여자들도 모두 그 또래에 같은 무늬의 치마를 입고 있었다. 나중에 들었지만 끼레이 호텔은 갈 곳 없는 과부들을 종업원으로 고용한다고 한다. 밤이 되면 그들은 카운터 옆에 달린 조그마한 방에서 기거하며 감자를 삶아먹거나 창을 마시며 유쾌하게 수다를 떨었다. 다소 낡았지만 친절한 끼레이 호텔과 새로 리노베이션 하여 현대적인 시설을 자랑하는 야크 호텔은 라사의 대표적인 배낭족 숙소이다. 위치도 서로 한 길을 마주보고 100미터 가량 떨어져있다. 흥미로운 것은 이 두 호텔을 비교해보면 티베트의 사정이 드러난다는 것. 야크 호텔의 주인은 티베트 사람이지만 일찍이 공산당에 입당하여 지역의 여러 이권을 챙겨왔다. 그에 비해 유서 깊은 집안 출신인 끼레이 호텔의 주인은 달라이 라마가 인도로 피신할 때 그 탈출을 도왔다. 그 후 그는 감옥에서 복역하게 되었다. 그에 비해 야크 호텔 주인의 아들은 지금 불미스러운 일로 인한 살인죄로 복역 중이었다.

사실 티베트 역사상 타민족의 지배를 받은 것은 지금 이 시기가 처음일 것이다. 그래서 혹자는 이 또한 티베트 불교를 널리 알리기 위해 하늘이 준 시련의 시기라고 말하기도 한다.

오랫동안 티베트는 고산지대에 위치해 타민족들이 침략하기가 어려웠던 데다가 7세기경 송첸감보 왕 때에는 티베트가 당의 장안을 점령하는 등 군사적으로도 강력한 면모를 보였다. 그러나 고산지대에 살던 민족인 티베트 사람들은 저지대로의 영토 확장에 더 이상 관심이 없었고 강력한 군사문화를 좀 더 평화롭고 정신적인 것으로 만들고 싶어 했다. 이 단계에서 도입된 것이 바로 인도와 실크로드, 중국 등지에 널리 퍼져있던 불교문화였다. 송첸감보 왕은 사신들을 이들 국가에 파견하여 불경을 티베트말로 번역해 가져오도록 했다. 그밖에도 그는 당나라의 원첸 공주를 비롯하여 네팔, 티베트 등 서로 다른 지역에서 9명의 왕비를 맞아들였다. 이 왕비들이 시집오면서 자기나라에 있던 불상과 경전을 혼수로 가져온 것은 말할 것도 없다. 지금도 조캉 사원에 가면 이때 당나라와 네팔에서 가져온 불상들이 모셔져 있다.

그로부터 8세기경 트리송 텐젠 왕을 거치며 인도의 요기 파드바삼바바를 초청해 삼에에 티베트 최초의 사원을 세우는 등 불력강화에 힘썼다. 이로부터 점차 티베트의 군사력은 무력해지기 시작했고 비폭력주의의 불교국가로 변신하게 된 것이다.

세월이 흘러 13세기에서 14세기경 징키스칸으로 유명한 몽고제국은 기마민족답게 빠른 속도로 아시아와 유럽의 국가들을 복속했고 그 침략의 손길이 티베트까지 미쳤다. 그런데 놀라운 일이 일어난다. 티베트에 도착한 몽고인들은 티베트인들이 자신의 종족과 너무나 닮은 유목민족의 특성을 가진 것에 놀라고 발전된 그들의 불교문화에 또 한 번 놀라게 된다.

결국 침략자였던 몽고의 쿠블라이 칸은 티베트 불교의 한 종파인 샤카파의 수장과 그의 조카를 법승으로 삼게 되고 감화 받게 되어 티베트의 침략을 포기하였다.

역사상 가장 잔인하고 강인했던 몽고의 침략을 불력으로 무력화 시키고 동화시킨 국가,

그 전무후무한 국가가 바로 티베트였다.

그러나 후에 이 사실은 중국 측에 티베트가 한때 몽고의 지배하에 있었다는 그릇된 빌미를 제공해주게 되었고 이는 1949년 모택동의 티베트 침공으로 이어졌다.

달라이 라마를 간택한 티베트 종교계의 수장이었던 한 라마(정확한 이름이 아직 생각안남)는 오랫동안 군사력이 쇠퇴해있던 티베트가 중국과의 교전에서 이길 수 없다 하여 희생자들을 만드느니 차라리 먼저 항복하자고 했고 달라이 라마측은 끝까지 교전을 주장했다. 결국 백만 명이 넘는 티베트인들이 이 항쟁에서 목숨을 잃었고 사원은 파

괴되었다. 그리고 달라이 라마는 트럭 몇 대분의 금을 싣고 인도로의 피난길에 오르게 된다.

그러나 다람살라에 임시정부를 세우고 티베트의 불교를 서방 각지에 퍼트리고 있는 달라이 라마는 이렇게 말한다.

"절대로 포기하지 마라."

49. 타라자

하루라도 사진을 찍지 않거나 그와 관련된 것을 생각하지 않는다면, 그것은 마치 잠에서 깨어나는 것을 잊어버린 것처럼, 나에게 있어 소중한 것을 간과한 것이 되고 만다. 내가 사진작가가 된 것이 나의 인생의 의미를 가능한 것으로 만들었다.

----- 리처드 아베돈 -----

S는 이번이 티베트를 세 번째로 방문하는 것이었다.
처음 티베트를 방문한 것은 1997년, 당시 그는 사진학과 학생으로 패기만만하게 사진기를 들고 티베트의 풍광과 티베트 사람들을 찍어 나갔다. 가장 존경하는 사진작가로 리처드 아베돈을 꼽는 그는 아베돈이 찍은 베르사체나 구찌의 광고사진보다 1980년경 미국 서부를 다니며 작업했던 화이트 프로젝트를 좋아했다.
인물의 감정과 느낌이 불순물 없이 드러나기를 소망했던 아베돈은 배경에 흰 종이를 깔면서 사람들이 서 있던 거리를 지워버렸고 오직 그 인물의 정수만을 포착하길 기대했다.
결국 그는 사진계에 미니멀 하면서도 강렬한 인물사진을 내놓게 되었고 그 후 성공의 넓은 길을 야심차게 달려왔다.

S도 인물사진을 찍기를 즐겨했다.

그는 인물사진이야말로 사진의 처음과 끝이라고 말했다.

그러나 길에서 지나가는 티베트사람들을 불러다가 사진을 찍는 일은 그리 만만한 것이 아니었다. 말도 제대로 안 통하지, 포즈 취해야 하지, 게다가 사진 찍히는 것에 대해 거부감도 가지고 있지…. 그래서 주로 활용한 방법이 폴라로이드 사진을 찍는 것이었다. 그리고는 그걸로 꼬드겨서 진짜 사진을 찍는 것이었는데…. 꽤 힘들었지만 의미 있는 작업이었다.

"라사만 해도 전통적인 복장을 한 진짜 티베트인들은 점점 사라져 가고 있어. 앞으로 5년 뒤 티베트가 어떻게 변모할지를 생각하면 지금 이 시기에나마 티베트를 찾은 것은 그나마 운이 좋은 거라고 생각해. 그리고 나는 이런 티베트 사람들의 모습을 사진에 담고 싶어. 언젠가 이건 하나의 기록이 되어버리겠지. 더 이상 현실에서는 이런 복장의 이런 사람들을 발견할 수 없을 런지도 몰라. 운난성의 리장처럼 소수민족의 복장이나 동네는 민속촌처럼 관광객들을 위한 전시장으로나 남아있을런지도 모르지. 그런 의미에서 나는 지금 이 시점에서 티베트를 찍는다는 것이 의미가 있다고 생각해."

S는 말했다.

우리는 그렇게 오체투지를 하며 불공을 드리는 조캉 사원 앞에서, 버터티를 파는 허름한 찻집에서, 길에서 사람들을 찍어 나갔다.

그러던 어느 날이었다.

우리가 끼레이 호텔 옆의 타쉬 레스토랑에 앉아있는데 문이 열리면서 웬 흑인여자가 들어왔다.

그와 동시에 S와 그 여자의 눈이 동그래지더니 이내 웃음을 터트렸다.

"맙소사, S. 언제 라사에 온 거지?"

"며칠 전에. 그러는 타라자는? 도대체 언제 티베트에 온 거야?"

"한 달 동안 중국을 여행하고 며칠 전에 성도에서 라사로 들어왔어. 라사에 와서 고산증으로 얼마나 앓았는지 오늘도 병원에 갔다 오는 길이라니까."

타라자는 약봉지의 약을 꺼내 삼키며 말했다.

"며칠 동안 제대로 된 음식을 못 먹었어. 식욕도 없구, 기름기 많은 중국음식도 밤에 안 들고, 그런데 이 레스토랑에는 서양식 메뉴가 있다 길래 들어와 봤지. 난 지금 아버지가 만들어주시던 고구마 파

이가 그리워. 그리고 치킨 스튜도… 지금쯤 집의 안락의자에 앉아 텔레비전을 보고 있다면 행복하련만….”

“설마.”

“아냐. 진짜야. 너무 지쳤어.”

걱정하는 S의 표정을 보더니 타라자는 금세 표정을 바꾸며

“아파서 그런가봐. 좀 있으면 나아지겠지. 사실 중국에서는 참 재미있었어.”

하고 S를 안심시켰다.

“사진도 많이 찍구?”

"사진? 음… 그리 많이는 못 찍었어. 그냥 만리장성에서 좀 찍고…. 대신 곳곳에서 청혼을 받았지."

"청혼?"

"음… 참 이상하지? 중국에서 내가 만나는 남자마다 자기와 결혼해 달라는 거야. 방금 전에도 성도에서 왔다는 할아버지한테 프로포즈 받았는걸."

"늙은이가 주책이다."

"아니, 그 사람이 당사자가 아니구 성도에 가서 자기 아들하고 결혼하래. 며느리 삼고 싶다나."

물론 타라자의 미국 여권을 노리는 중국인들의 프로포즈였겠지만, 타라자는 여행을 하며 미국 흑인의 정체성을 가지고 겪은 이 일련의 사태들을 무척 재미있게 바라보았다.

사실 타라자는 S의 꼬임에 빠져 티베트를 찾았다 해도 과언은 아니었다. 뉴욕에서 S와 같은 사진학교에 다니던 타라자는 파트타임으로 제약회사의 고객 상담원으로 일하고 있었다. 그런데 어느 날 회의가 찾아들었다. 사진에 대해서도 자신이 지금 하고 있는 일에 관해서도…. 그러던 어느 날 타라자는 S에게 전화를 걸었다

"요즘 너무 우울해. 일도 손에 잡히지 않구, 사진도 더 이상 자신이

없어. 난 너처럼 재능이 없나봐. 지금까지는 꿈을 좇아왔지만 뉴욕에서 전문 사진작가로 살아남는 것이 얼마나 힘든지는 네가 더 잘 알고 있겠지. 그렇다고 이 제약회사에서 계속 일하는 것도 싫고 어떻게 해야 할지 모르겠어. 미래는 불확실성으로 가득 차 있고 난 아무래도 잘못 길을 든 거 같아."

"이봐. 마음을 진정시키라구. 그런 느낌은 누구에게나 찾아오는 거야. 그것을 컨트롤 해 나가는 것도 재능의 일종이야."

"알아. 하지만 이런 느낌이 하루 이틀로 그치지 않는걸. 프로작이라도 사 먹어야 할까봐. 난 무언가 돌파구가 필요해."

"그러면 여행을 떠나봐."

"어디로?"

"티베트로."

"티베트?"

그때부터 S의 꼬임에 빠져 평생 플로리다와 바하마 제도를 여행한 적밖에 없는 브룩클린 여자 타라자가 중국, 티베트의 아시아 여행길에 올랐다.

그러나 타라자는 티베트에서도 사진에 대해 그리 열정을 보이는 거 같지는 않았다.

S는 피사체에 대해 저돌적이라고 할 만큼 사진을 찍는데 대한 어떤 의무감을 가지고 작업을 하는데 비해 타라자는 태평하게 게스트 하우스에서 만나는 여행자들이나 길가의 애들과 노는 걸 더 좋아했다. 어디를 돌아다니는 것도 귀찮아해서 S와 세라 모나스트리에 한번 다녀오더니 힘들다고 며칠간 그냥 게스트 하우스에 머물렀다.

그러나 타라자는 사람들을 정말 좋아했고 곧 게스트 하우스의 아주머니들과 여행자들을 그녀의 친구로 만들어버렸다.

나는 그런 타라자에게 왜 사진을 택했냐고 물었다.

"실은 나는 브룩클린 과학 고등학교를 다녔어. 지금 내 친구들은 대부분 연봉 빵빵한 변호사나 컴퓨터 엔지니어, 연구원들이지. 그런데 난 학교 다닐 때도 별로 과학엔 관심이 없었어. 대신 길에 앉아 있는 걸 좋아했지. 길에 앉아서 사람들이 오가는 걸 보는 거. 그리고 사람들하고 얘기하고 뭐 그런 릴렉스한 분위기를 좋아했어. 그러다 보니 이런 나의 특성에 맞는 직업이 뭘까 하고 생각하게 되었고 활동적이고 사람들에게 좀 더 친밀하게 접근할 수 있는 사진작가라는 직업을 선택했지. 하지만 사실 뉴욕에서 사진작가로 산다는 건 그리 쉬운 게 아니야. 워낙 경쟁이 치열하니까."

S는 뉴욕에서도 타라자가 별로 사진작업을 열심히 하는 거 같지는 않다고 말했다. 그녀는 수다스럽고 재미있고 낙천적이었다. 자신의 장래와 작업에 대한 불안이 있긴 했지만 26살의 그녀는 그것보다는 삶을 살아가는 거 자체를 즐기는 듯이 보였다.

길에서 티베트 꼬마들이 타라자를 보고

"아이 러브 유."

라고 놀리듯 말하면

타라자는 너무나 귀엽고 감격스럽다는 듯이

"나도 너희들을 사랑해."

라고 대꾸해주었다.

"상상할 수 있어? 뉴욕에서는 아무도 내게 저런 식으로 사랑한다고 말하지 않는 다구."

라고 웃으면서….

한번은 라사의 한국 음식점에서 한국 음식을 먹고 오다가 타라자에게 그녀 이름의 의미를 물어보았다.

"글쎄, 나도 내 이름의 뜻을 잘 모르겠어. 집안 할머니 중에 이런 이름을 쓰는 할머니가 있었다는 거 밖에는…. 그런데 예전에 아프리카에서 온 사람을 만나게 되었거든. 그런데 그가 하는 말이 타라자라는 단어는 아프리카의 어느 부족말로 희망이라는 뜻이래."

우리와 헤어지고 나서 타라자는 네팔로 갔고 에베레스트 베이스캠프에서 어떤 영국인과 만나 사랑에 빠졌다. 그리고는 얼마 후엔 결혼을 한다고 런던으로 갔다고 한다.

S는 걱정스레 말한다.
"사실 난 그게 타라자에게 잘된 일인지 아닌지 모르겠어. 암튼 그 아이는 뉴욕에서의 일들을 포기하고 영국으로 가야하는 거잖아."

S는 어떤 식으로든지 타라자의 인생이 바뀌는 것에 깊숙이 개입하게 된 것이었다.

50. 티베트의 장례풍속

어떻게 살려는가를 알려면 어떻게 죽어야 하는지를 알아보라고 했다.
이쯤에서 티베트의 장례풍속 및 죽음에 대한 태도를 알아보는 것도 그런 맥락에서이다.

포탈라 궁에서 티베트 승려에게 들은 바에 따르면 티베트 사람들의 장례풍속은 크게 신분과 지역과 죽은 자의 상태에 따라 5가지로 구분이 지어진다.
첫째, 달라이 라마나 펜첸라마, 혹은 아주 위대했던 승려가 죽으면 이들의 시신을 미라로 만들어 스투바에 안치한다. 이는 고대 이집트에서 미라를 만들던 방법과 유사한 것으로 시신을 3달 동안 소금상자에 안치하여 소금이 시신의 모든 습기를 흡수할 때까지 둔다.
다음에 시신을 백단 향과 향료와 약품을 찧어 섞은 시멘트와 같은 진흙으로 덮어씌운다. 그리하여 미라가 완전히 마르게 되면 몸 전체를 황금물감으로 칠해 스투바(탑)에 안치하는 것이다.
포탈라 궁이나 타쉬룸포 등 티베트의 유명한 사찰을 방문하면 이런 고승들의 스투바를 볼 수 있다.
포탈라 궁에서도 역대 달라이 라마의 이러한 스투바를 볼 수 있었는데 이런 스투바는 황금과 진주, 터키석과 같은 갖은 보석으로 장식되어 있었다.

두 번째로 고위 승려나 귀족, 림포체들이 죽으면 이들의 시신은 화장된다.

그리고 세 번째로 일반인들이 죽으면 티베트의 유명한 장례풍속으로 알려진 조장으로 처리된다. 이는 파시교도(인도에 정착한 조로아스터교)들도 주로 쓰는 방법인데 시신을 새가 먹도록 하는 방법이다. 파시교도들이 시신을 얼마간 신전에 보관해두었다가 부패가 시작될 무렵 들녘에 내놓아 새가 그 시신을 처리하도록 하는 반면 티베트의 조장은 좀 철저한데가 있다. 일단 시신을 처리하는 사람들이 시신의 살을 뼤에서 발라내어 새에게 던져주며 다음에는 두개골을 깨트려서 골수를 꺼내고 나중에는 남아있는 뼈까지 가루를 내어 반죽을 만들어 새에게 던져준다.
이는 아마도 티베트가 고지대라 시신을 태울 장작을 구하기가 힘들고 시신이 썩기가 힘들만큼 건조한 기후이기 때문이기도 할 것이다.
라사 근처의 지공이라는 마을에 가면 이러한 조장의 광경을 관광객들에게 공개하기도 한다.

네 번째로 이는 주로 남쪽지방에서 쓰는 방법인데 힌두교도처럼 시신을 물에 던지는 수장을 하기도 한다.
이는 또한 시신을 물고기에게 보시하여 좋은 곳으로 가는 축원을 베푸는 방법이기도 하다.

고위귀족들과 일반인들의 장례풍속이 이런 차이를 보이는 것은 일단 깨달은 자들의 시신은 미라가 되건 화장을 하던 상관없지만 일반인들의 경우 시신을 동물(새나 불교에서 신성시 여기는 물고기)에게 보시함으로써 더욱 공덕을 쌓아 좋은 곳으로의 환도를 기원하기 때문이라고 한다.

그리고 다섯 번째로 즉 범죄자나 전염병으로 죽은 사람이나 독을 먹고 죽은 사람들의 경우는 매장을 택한다.
그렇지 않을 경우 티베트 사람들은 매장을 싫어한다.
왜냐하면 그들은 시신을 매장할 경우 사자의 영혼이 시신에 다시 들어가려 한다고 믿기 때문이다.

이러한 장례풍속의 방법은 고대인들이 이 세상을 구성하고 있는 원소라고 본 네 가지 물질 즉, 물, 불, 흙, 공기와도 일치한다.

그럼 다섯 번째 원소는 무엇이었냐구?
그것은 바로 에테르라는 원소였다.
이 마지막 원소 에테르는 마음, 곧 인식하는 주체를 낳는다고 한다.
그러니 주체가 떠난 시신은 애초의 네 가지 원소로 환원되어 돌아가는 것이다.

51. 티베트 사자의 서

아르주나여, 그대와 나는 지금까지 많은 생을 살아왔다.
나는 그 모든 생을 기억하지만 그대는 기억하지 못하는 구나.
----- 바그다드 기타 중 크리슈나의 기억 -----

불교의 세계관 중 하나가 환생사상이다. 이는 인간의 의식체는 생명의 흐름을 가지고 있어 이는 죽음과 생을 넘나들며 진화나 퇴화를 거듭한다는 것이다. 이 진화의 방향에 영향을 주는 것은 카르마라고 하는 업이어서 이는 금생에 자신이 행한 행동과 수행의 결과이다.
그리하여 자신의 전생의 모습을 보려면 지금의 자신의 모습을 보고, 또한 미래의 자신을 보려면 또한 현재 업보를 짓고 있는 자신의 모습을 보라는 말이 있다.
이러한 윤회사상은 동양 문화권뿐만 아니라 고대 이집트, 그리스, 유럽의 켈트족 등 인류전반에 있어 보편적으로 공유하고 있던 신앙의 한 부분이었다.
어떻게 보면 기독교의 천국과 지옥을 가르는 내세의 세계관도 이러한 관점에서 볼 수 있을 것이다. 암튼 하느님의 아들이라는 예수님도 이 지구상에 다시 환생하신 거니까.
이러한 죽음과 부활이라는 주제는 인류의 종교, 철학에 있어 하나의 핵심체를 이루고 있다.
소크라테스도 그의 가장 중요한 가르침을 독약을 먹고 죽어가는 상태에서 삶과 도덕에 관한 논쟁으로 폈으니 말이다.
티베트 불교에도 물론 이런 생과 사를 가르는 경전이 있다.
그것이 바로 [티베트 사자의 서] 라고 외부에 알려진 [바르도 퇴돌]이다. 이 [바르도 퇴돌]의 뜻은 '죽음의 순간에 한번 듣는 것만으로도 영원한 진리에 이르는 길'이라는 뜻을 내포하고 있다.
이러한 사자의 서는 고대 이집트에서도 존재했는데 그 책의 원제는 [낮으로부터 탄생한 책] 이라는 제목을 가지고 있는 [이집트 사자의 서] 였다.
이 이집트 사자의 서가 주로 부활에 관한 것을 다룬 것이라면 티베트 사자의 서는 죽음에 이른 영혼을 온전히 육체에서 빠져나오게 하여 생과 사의 중간 공간 바르도에서 겪을 일을 안내해주고 그리하여 그 영혼의 올바른 환생을 돕게 한다.
그러니 간단히 말해 저승세계로의 가이드북이라고 해야 하나.
이 바르도의 세계는 7이라는 숫자와 밀접한 관계가 있다.
즉 윤회계(현상계) 안에는 7등급의 마야(우주)가 있는데 이것은 일곱개의 행성으로 이루어져 있다. 그리고 각각의 행성에는 진화의 일곱단계가 있다.
그리하여 이런 일곱 행성의 일곱 진화의 단계의 경우의 수를 곱해보면 49라는 숫자가 나온다.
불교에서 사람이 죽은 후 49일제를 치르는 것도 이러한 믿음과 깊은 연관이 있다.
이 7이라는 숫자는 티베트 사자의 서 뿐만이 아니라 성서의 천지창조설이나 요한 계시록, 그리고 원소의 주기율에도 등장하는 바, 세계를 이루는 하나의 상징적인 수라고 보여 진다.

이 티베트 사자의 서는 사람이 죽은 후 부터 3-4일째에 영혼을 육체와 분리시키는 포와 의식을 거행할 때, 그리고 영혼이 49일간의 바르도(중간세계)의 기간을 떠날 때까지 승려에 의해 읽혀진다.
시신이 3-4일을 지난 후에는 장례를 치르게 되는데 그렇게 하여 시신이 없어진 다음에도 사자의 초상물을 만들어 승려는 이를 사자로 생각하고 바르도 퇴돌을 읽어주어야 한다.
이는 임종 후 실신상태에 있던 사자를 깨어나게 하여 완전한 의식을 되찾고 낯선 저승의 환경에 적응하게 만들기 위함이다.
그리고 이 장례의식의 마지막 날에 초상물에 꽂혀있던 창쿠(초상화)를 불태우는데 이 때 이 불꽃의 색깔과 흔들리는 방향에 의해 사자가 겪게 되는 사후세계의 운명이 결정된다고 한다.

티베트 사자의 서에서는 이러한 바르도의 단계에서 사자가 보게 되는 환영들에 대해 설명하고 있다.
이는 처음 7째의 날에는 평화의 신들을 볼 것이며 다음의 7번째 날 동안에는 분노의 신들이 나타난다고 저술하고 있다.
그러나 이 신들이라는 것은 사자의 의식 속에 있던 기억이 여러 가지 환영으로 시각화 된 것에 불구하다.
즉 모든 것이 꿈으로 이루어진 거대한 영화관인 셈이다.
기독교 신자가 죽으면 예수님과 성모 마리아를 보고, 이슬람 신자가 죽으면 알라신과 모하멧을 보는 것도 이와 같은 원리라고 한다. 그것은 바로 자신의 마음속에 가지고 있던 투영물이었으며 천국과 지옥도 결국은 자신 안에 있었던 것이다.
그리하여 불교신도들이 죽으면 그들은 수많은 보살상과 부다를 보게 된다.
그러나 이러한 것도 결국은 마음의 환영에 지나지 않는다.
사자의 서는 이런 현상계에 존재하는 환영을 넘어 천국과 지옥을 넘어 초월상태의 너바나로 진입하게 하려는 데에 그 목적이 있다.
결국 우리가 티베트의 사원에서 만나게 되는 수많은 불상과 벽화들 또한 우리의 마음이 투영된 꿈의 존재일는지도 모른다.
강을 건너기 위해 배가 필요하듯, 이제 강을 건너서는 그러한 매개체가 필요하지 않다.

[이와 같이 그는 자신의 전생들의 다양한 모습과 형태들을 기억해 내리라. 이것이 그의 진정한 앎의 단계이다. 전생들에 관한 그의 무지가 사라지고 앎이 생겨난다. 어둠은 떠나가고 빛이 도착한다. 이는 자신의 욕망을 그 자리에서 내던져버리고 명상하는 삶을 살아온 자에게 당연히 얻어지는 결과이다.]
----- 앙굿타라 아함경 중에서 -----

이러한 티베트 사자의 서가 처음으로 기록된 것은 인도의 요기 파드바 삼바바로 인해서였다. 파드바삼바바는 당시 인도 나란타 대학의

교수로 인도권 전역에서 위대한 스승으로 추앙받고 있었고 그에 관한 탄생설도 신화의 모습을 띄고 있다. (그는 결점 없는 인간으로 연꽃 속에서 출생했다고 알려져 있다.)
이러한 파드바삼바바를 티베트의 트리송 탄젠 왕이 초청했으며 파드바삼바바는 인도에서 도보로 티베트까지 왔던 것이다. 그는 왕의 후원으로 삼에에 티베트 최초의 모나스트리(불교의 승단. 라마승들의 공동체)를 짓고 티베트 불교의 정신을 확립하는 데 지대한 공헌을 했다.
티베트 사자의 서도 그 중의 하나로 그는 고대로부터 전해 내려오던 탄트라 경전들을 티베트어로 번역하게 하고 그 작업을 마친 다음에 신비의식을 행한 뒤 경전들을 은밀한 장소에 감추게 했다.
그리고 그는 몇몇 제자들에게 적당한 시기에 환생하는 능력을 가르쳤다.
세월이 지난 후 이 경전들은 테르퇸이라고 불리는 이 환생인들에 의해 발견되는데 그 외경 중 하나가 바로 [티베트 사자의 서]인 것이다. 그가 왜 그 시대에 경전을 발표하지 않고 후대를 기약했는가.
아마도 당시의 티베트인들의 종교적 능력으로는 그 경전을 소화할 수 없어 불력이 완숙해진 후일을 기약한 것일까….
아무튼 이런 바르도 퇴돌은 그 후 오랫동안 티베트의 중요 경전으로 남아 있다가 1919년 영국의 종교학자인 에반스 웬츠가 티베트의 라마 카지 다와삼둡과 함께 시킴의 갱툭 지방에서 번역을 하였고 1927

년에는 [티베트 사자의 서] 라는 제목으로 옥스퍼드 대학출판사에서 출간되었다.
그 후 이 책은 칼 융과 같은 심리학자뿐 아니라 수많은 종교인, 그리고 일반인들에게 삶과 죽음에 대한 근본적인 통찰력을 부여해주었던 것이다.

[집단 무의식이 곧 신들과 영들의 세계이다. 거기에는 어떤 지적인 곡예도 필요하지 않다. 다만 인간의 전 생애, 어쩌면 완성을 향해 한걸음씩 다가가는 무수히 많은 생들이 있을 뿐이다.]
----- 칼 구스타프 융 -----

<티베트 사자의 서 (정신세계사) 인용 및 정리>

52. 카일라쉬로 가는 길 (라체)

하늘에 펄럭이는 인공기와 집의 입구를 장식하고 있는 야크 두개골의 부조화를 바라보며 밭에서 보리를 탈곡하고 있는 농부들의 노랫소리를 들으며
나는 하릴없이 가이드북을 펼쳐 몇 페이지 읽고는 잠이 든다.

이윽고 문이 열리고 두 대의 자전거가 여관 안으로 들어선다.

해방군 아저씨와 S이다.

두 사람은 땀에 흠뻑 젖었지만, 전리품을 가져온 전사들처럼 의기양양한 표정이었다.

"검문소는 여기서 한 시간 정도 자전거를 타고 가야겠더라구."

해방군 아저씨가 미네랄워터를 찾으며 말했다.

"감시는 심한가요?"

"감시? 무슨 감시 같은 소리…. 공안들이 마을 사람들하고 모여서 마작을 하고 있던데."

"그래, 안 그러면 발 걷어붙이고 그 앞 도랑에서 물장구 치고 있구."

"우리가 자전거 타고 쫄래쫄래 가니까 잡을 생각도 안하고 어디서 왔냐고 묻지도 않고, 마작 하는데 방해하지 마라…. 뭐 이런 분위기야. 그래서 나도 그 옆에서 마작 하는 거 구경하고 왔지, 뭐. 그러고 한참을 있는데 도로 반대편에서 웬 서양애가 배낭을 짊어지고 터벅터벅 걸어오는 거야. 공안들은 마작 하는데 정신 팔려서 패스포트 체크할 생각도 안하고 그래서 내가 체크해줬지. 어디서 오는 길이냐고 했더니 걔도 카일라쉬 갔다 오는 길이라고 하던데. 자기도 허가증이 없어서 이렇게 걸어서 검문소 통과하는 거래. 걔가 통과하고 좀 있으니까 랜드 쿠루저 한대가 지나가더라구. 아마 지나고 나서 픽업했겠지. 그러니까 결론은 차로 갈 때는 반드시 검문을 하지만 걸어서 통과하면 빠져나갈 구멍이 있다는 거야. 그래도 낮은 좀 위험하구 우리는 오늘 밤에 결행하자구. 그리고 그 검문소 위치가 희한한 게 길이 두 갈래로 갈라지는데 말이야 하나는 알리로 가는 길이고 다른 하나는 네팔 국경 잠무로 가는 길이거든. 재수 없이 걸려서 너네들 어디 가느냐고 물으면 네팔 간다고 하면 된단 말이지. 그리고 밤에 왠 행색이냐 그러면 그 길 옆에 조그마한 여관에서 자고 내일 히치하이크해서 갈 생각이다 이러면 상황종료라는 거야. 어때?"

"음…. 할만 하겠는데요."

그렇게 나와 S, 그리고 해방군 아저씨는 날이 어두워진 후 결행할 라체 검문소 통과하기 작전을 짜고 있었다.

라사에서 직행으로 알리로 가는 버스가 일주일에 한 번씩 있었으나 티켓을 외국인에게 팔지 않는지라 카일라쉬로 가려면 일인당 800달러 정도가 깨지는 카일라쉬 투어에 참가해야 한다.

그러나 그렇게 돈을 쓸 수 없는 배낭족인 처지라 우리는 라사의 버스 정류장을 세 번씩이나 방문하며, 때로는 광주(중국의)에서 온 본토 중국인 여행자들의 도움을 받아가며 표를 구입하려 했지만 번번이 무산.

결국 남은 방법은 카일라쉬까지 히치하이크뿐이었다.

그러던 와중에 끼레이 호텔의 인터넷 카페에서 우연히 해방군 아저

씨를 만나게 되었고 마침 아저씨도 카일라쉬를 거쳐 파키스탄으로 넘어갈 계획이었기 때문에 행동을 같이 하기로 했다.
그래서 라사를 거쳐 시가체에서 티베트인 복장으로 위장할 옷과 식량, 모포 등을 구입한 후 알리까지 가는 검문소가 있는 라체까지 왔던 것이다.

우리는 오늘의 정찰이 무사히 끝났음을 자축하며 향후 일정을 짜기 시작했다.
일단 앞으로 며칠간은 목욕은 커녕 세수조차 제대로 할 수 없을 상황임을 고려, 간단하게 머리라도 감고
여관에 도착하는 랜드 쿠루저 운전사를 상대로 라체의 검문소 바로 앞까지 태워다 줄 것을 부탁했다.
운전사는 돈을 내겠다는 우리의 제안에도 불구하고 검문소까지 간다는 게 꺼림칙했던 모양이다.
그러나 절대 검문소를 통과하지 않고 그 앞에서 내릴 것이라고 하니
랜드 크루저 운전사는 집게손가락을 하여 걸어가는 흉내를 낸다.
그리고는 고개를 끄덕이며 '굿 럭'이라고 한마디.

이윽고 밤이 찾아왔다.
하필이면 보름달이 환하게 뜬 달 밝은 밤이었다.
랜드 크루저에서 내려 걸어가니 상대의 그림자까지도 똑똑히 볼 수

있는 그런 밤이었다.

길을 걷다가 차가 지나가면 우리는 풀섶에 바짝 엎드렸다.

그리고 다시 그 차가 공안차가 아니라 별 볼일 없는 트럭이나 랜드크루저임을 확인하고는 다시 발길을 재촉.

드디어 마을 어귀에 다다랐다.

S와 해방군 아저씨의 뒤를 따라 마을을 돌아가는 길을 택하기로 하고 밭두렁을 걷는다.

그런데 왜 그렇게 개들은 많은지.

동네 밖에서 작은 인기척이 날 때마다(물론 우리 일행의 소행이지만) 짖어대는 검은 개들.

곧 뛰쳐나와 덤벼들 듯한 기세이다.

정말 드라마가 따로 없다.

보름달 뜬 밤. 짖어대는 개들. 그리고 봇짐을 쥔 채 살금살금 걸음을 옮기고 있는 정체모를 세 사람.

그리고는 무사히 마을을 지나 검문소 앞까지 왔다.

검문소 뒤로 돌아가려다가 해방군 아저씨가 모험심이 발동했나보다.

지금도 검문소 앞에 아무도 없는 것을 보니 분명히 공안들이 아직까지도 마작에 정신이 팔려있을 것이다.

그러니 조용히 통과하면 아무도 모를 것이라는 것이었다.

나와 S는 일단 해방군 아저씨의 추이를 보고난 후 행동을 개시하기

로 했다.

해방군 아저씨가 배낭을 메고 터벅터벅 걸어 검문소를 통과한다.

예상대로 아무도 나와 보지 않는다.

1차 작전 성공.

다음은 나와 S의 차례이다.

최대한 몸을 낮추고 검문소 앞을 걸어간다.

바로 그때 후래시를 든 공안이 나타나는 것이 아닌가?

"어디 가는 길이냐?"

S의 얼굴에 낭패하는 빛이 역력했지만 곧 침착하게 낮에 준비했던 모범 답안을 풀어놓기 시작한다.

"실은 우리는 네팔로 가는 길인데 오늘은 저쪽 여관에서 자고 내일 아침에 트럭을 타고 가려고 한다."

하며 시가 체에서 예비용으로 받아둔 네팔 가는 허가서를 보여준다.

그러자 공안이 고개를 끄덕끄덕 하더니 아무리 그렇더라도 밤에는 위험하니 나다니지 말라고 한마디 한다.

우리는 방향을 틀어 갈림길에 있는 그 여관의 불빛을 향해 걸어가는 척 하다가 공안이 다시 밀린 마작을 하러 가는 틈을 타 잽싸게 검문소 통과.

위기 상황은 있었지만 2차 작전도 무사 수행.

이래서 모든 계획은 준비가 필요하고 철저한 사전 조사와 답사가 필요한 법이다.

한참을 걸어가니 풀숲에 몸을 숙이고 앉아있는 해방군 아저씨가 보였다.

그렇게 우리는 검문소에서 다시 10여분을 걸어 라체에서 알리로 가는 트럭운전사들이 주로 묵는다는 초대소(여관)에 도착할 수 있었다.

53. 초대소

아침.

간밤에 작게 느껴졌던 초대소는 의외로 넓고 황량한 안마당을 숨겨두고 있었다.

그리고 안마당을 어슬렁거리고 있는 검은 개들도.

시가 체에서 산 분유를 뜨거운 물에 타고, 역시 슈퍼에서 산 빵을 뜯으며 단출한 아침식사를 한다.

그리고 드디어 길 위에 섰다.

트럭을 기다리기 위해서

알리로 가기 위해서

그런데 길 위에는 우리뿐만이 아니라 티베트인들도 있었다.

낡은 야구모자를 눌러쓴 15살가량 되어 보이는 티베트 소년과 봇짐을 지고 있는 스님, 그리고 소년의 아버지쯤으로 되어 보이는 안경을 쓴 아저씨가 있었다.

그들도 어딘가로 간다고 했다.

그래서 아침부터 트럭을 기다리고 있다고….

사실, 라사나 시가 체와 같은 도시를 벗어나 티베트 시골 마을에 이르면 교통수단이라는 것이 별로 없다. 그러자니 일주일에 한 번씩 지나가는 버스를 기다릴 수는 없고, 이동은 마을과 마을 사이의 물자를 수송하는 트럭에 의존할 수밖에 없는 것이다.

히치하이크를 하려고 열어본 우체국의 우편 트럭에도 편지를 넣은 꾸러미들 사이에 사람들이 열댓 명이나 타고 있어 당황했던 기억이 난다.

그러나 종일 '알리, 알리'를 외치며 지나가는 트럭들을 세워보지만 별 성과가 없다.

그렇게 시간이 지나가고, 오후가 되어 점심으로 초대소에서 인스턴트 라면을 사 먹는다.

"야, 그 일본 애들은 도착하자마자 히치에 성공했다던데."

해방군 아저씨가 야크 호텔의 도미토리에서 만난 일본 배낭족 커플의 이야기를 하고 있었다.

"여자애가 손을 흔드니까 트럭이 저만치 가다가 끼익 서더래. 그러면서 운전사가 문을 탁 열더니, 헤이, 제패니스 걸…. 그러더라나. 그런데 고생은 엄청 했다더라. 밤에 바깥에서 자서."

"이런 숙소를 놔두고 바깥에서 왜 자요?"

"그렇지? 나도 이해가 안돼서 몇 번이나 물어봤다니까. 차안도 아니고 왜 하필이면 추운 바깥이냐? 그런데 초대소에서 자면 공안에게 걸린다고 해서 진짜 바깥에서 모포 덮고 잤다잖아. 그래서 내가 놔두고 오려던 겨울침낭까지 다 짊어지고 왔지."

"설마 저 사람들이 공안한테 신고는 안하겠죠?"

S가 손자와 놀고 있는 주인아저씨를 경계하며 물었다.

"글쎄, 뭐 귀찮게 신고하겠어? 그리고 공안들도 마작 하느라 바쁠 텐데 뭐 이까지 행차하시겠어?"

도착한 후 얼마간은 초대소에서 1킬로 밖에 떨어지지 않은 검문소의 공안이 수색을 나올까봐 두려움(?)에 떨었지만 점점 트럭도 안 오고 시간만 가니 차라리 공안이 와서 라사까지 무사히 추방해주었으면 하는 생각마저 들었다.

오후에는 그래도 몇 가지 성과가 있었다.

신의 계시처럼 먼지를 풀풀 날리며 미끈한 동평 트럭 4대가 나타났던 것이다.

어디로 가냐니까 고맙게도 알리로 간다고.

그러나 우리 행색을 쭉 보더니 대뜸 알리로 가는 허가증이 있냐고 묻는다.

S가 네팔로 가는 허가증을 1초정도 보여준다.

그러자 중국인 운전사는 허가증을 낚아채 네팔 국경으로 가는 것임을 보더니 퇴짜를 놓는다.

"위험해서 안 되겠다. 검문소에서 걸리면 나도 벌금형인데…. 어쩌자고 허가증도 없이 알리까지 갈려고 하느냐."

그리고 4대의 트럭은 유유히 사라졌다.

음…. 이건 과연 불가능한 작전이었던 것일까?

우리의 알량한 돈 몇 푼에 검문소를 통과할 배짱이 있는 운전사가 이다지도 없단 말인가.

한번은 거의 트럭 앞좌석에까지 탔다가 다시 허가증 문제로 바꾸당하기도….

어쩔 수 없이 그날 오후는 초대소 앞에서 이런 저런 이야기를 하며 시간을 죽이기로 했다.

멀리서 트럭이 오는 소리에 귀를 곤두세우며….

자, 이쯤에서 해방군 아저씨의 정체를 밝혀야 할 것 같다.

"그런데 아저씨, 왜 해방군이에요? 혹시 정치적인 이유로 도피중이거나 티베트 해방의 기치를 들고 잠입하신건가요?"

"아니, 그냥 나 자신을 해방시키고 싶어서…. 실은 내가 남미 여행 사이트에서 쓰는 아이디가 해방군이야. 그리고 아르헨티나의 로사리오 지역사회에서 나를 부르는 또 다른 별칭이 있지."

"그건 또 뭔데요?"

"마피아 변."

"마피아 변? 음…. 둘 다 위험한 별명이네요. 해방군과 마피아."

그렇다.

지킬 박사와 하이드 씨처럼 일 년에 한, 두 달은 꼭 배낭을 짊어져야 하는 방랑자 해방군과 아르헨티나 로사리오의 성공한 실업가 마피아 변은 이렇게 하나이면서 둘이고 또 둘이면서 하나였다.

대학을 졸업하고 식품회사의 아르헨티나 지사로 발령을 받아 가게 된 남미와의 첫 인연.

회사는 품질 좋은 아르헨티나 산 쇠고기로 라면 스프를 만들려는 아이디어를 가지고 있었고 마피아 변 아저씨는 이 프로젝트에 투입되어 일하고 있었다. 그런데 일이 그렇게 되려고 그랬는지 라면회사는 다른 회사와 제휴를 하게 되었고 마피아 변 아저씨가 근무하던 식품회사는 더 이상 남미에 머무를 필요성을 상실하고 철수를 결정하게 되었다.

그리고 아저씨는 1년 동안 번 돈을 탈탈 털어 남미 전역을 답사하는 여행길에 오르게 된다.

얼마 뒤, 경비가 바닥이 나 빈털터리가 되자, 그는 중요한 결정을 내리게 된다.

'사귀던 여자와 결혼하겠다. 그리고 아르헨티나에 정착하겠다.'

마침 1980년대 당시에는 남미의 경기도 좋아서 아르헨티나와 브라질로 한국인 이민이 몰려올 때였다. 이들 중 많은 수가 동대문 평화시장에서 재단사로 일하던 사람들이어서 이들은 기술을 발판으로 봉제업과 의류업에 뛰어들었고 곧 남미 의류시장의 많은 부분이 한국인 이민의 손으로 이루어지게 되었다. 그러자 나중에 이민 온 사람들도 한국인 이민의 기반이 있는 의류업에 종사하게 되었고 결국 원단 생산, 봉제, 판매, 심지어는 단추 만드는 사람들까지 모두 한국인으로 비즈니스가 이루어지게 되었다. 마피아 변 아저씨는 그 중에서도 여성복 판매업을 시작하여 지금은 로사리오에 점포를 몇 개나 소유할 정도로 성공을 거두었다고 한다.

그러나 중독처럼 1년에 두 달은 젊어져야하는 배낭족의 신분으로 돌아오면 그는 누구보다도 짠돌이가 된다.

심지어는

"난 저렇게 랜드 크루저 대절해서 타고 여행하면 왠지 죄책감이 느껴져."

라고 말할 정도로….

"길에서 이렇게 고생안하고 편하고 좋죠, 뭐."

하고 S가 땡볕 아래서 시큰둥하게 말하자 변씨 아저씨는 반론을 펴기 시작한다.

"아니야, 이렇게 고생을 해야 진짜 여행을 하는 묘미가 있는 거지. 사실 이제까지 너무 편하게 와서 얼마나 지루했는데. 그래서 종디엔(중국 사천성에서 티베트로 들어가는 코스 중 하나)에서 육로로 티베트에 오려고 얼마나 기를 썼다구…. 거기는 또 길이 험해서 외국인이 육로로 티베트까지 넘어가는 게 불법이거든. 비행기를 타고 넘어가야만 한다구. 그렇다고 내가 물러 설 수 없지. 그래서 종디엔 그 촌구석의 게스트 하우스에서 10일을 개기며 히치를 시도했다는 거 아니야."

"그래서 어떻게 되었어요?"

"결국 공안한테 잡혀서 비행기 타고 왔지, 뭐."

누구나 여행을 하면 자신만의 여행을 즐기는 방식이 있을 것이다.

어떤 이는 좋은 경치를 즐기고 싶어 하고, 또 어떤 사람들은 그 나라의 독특한 문화를 맛보고 싶어 한다. 만약 변씨 아저씨에게 여행의 묘미가 어디에 있냐고 묻는다면 그는 길을 개척하는 데 있다고 대답할 것이다. 그에게는 '티베트에 가고 싶다'가 아니라 이번에는 '어떤 루트로 티베트에 갈 것인가'가 관건인 것이다. 그래서 남들이 불가능하다는 길을 개척했을 때, 그는 정말 짜릿해진다고 한다.

남미 여행을 하면서도 관광객들이 다 가는 길을 포기하고 현지 사람들과 강을 넘어 돌아가다가 경찰에 잡혀 감옥까지 간 적이 있었다고 한다.

"음…. 알고 보니까 그때 나랑 같이 가던 애들이 미국 밀입국하려고 잠입하던 애들이더라구.

경찰이 나를 잡으면서도 저네들끼리 의아해 하는 거야. 아르헨티나 여권을 소지한 한국인이(아르헨티나인들은 무비자로 미국 입국이 가능하다) 왜 이런 일당들 틈에 끼여 있는가 하고…. 나중에 자초지종을 듣더니 걔네들도 웃다가 넘어가더군. 나중에 꼭 한번 가보고 싶은 길이 있다면 콜롬비아로 들어가는 길인데 말이야, 거기에는 마약 밀매를 하는 갱들이 있어서 위험하다고 사람들이 육로로는 잘 안 다니지. 하지만 뚫고 가는 방법이 분명히 있을 거야. 그걸 한번 연구해봐야겠어. 이번에 알리 가는 길도 히치 성공하면 사이트에 지도를 그려서 올리려고 하는데 말이야. 어때? 우리, 성공하겠지?"

그러나 결론을 말한다면 이틀이 지나도록 우리는 히치하이크에 성공하지 못했다.
알리로 가는 도중에 먹으려고 사왔던 비상식량은 점점 떨어져가고 며칠간 씻지 않아 몸은 온통 먼지투성이이고, 그러나 그것보다 더 힘겨웠던 것은 지루한 기다림이었다.
오늘 또 하루를 기다린다고 해서 알리로 가는 트럭이 온다는 보장이 있나?
설사 트럭이 온다 해도 허가증이 없는 우리를 태워주려고 할 것인가?
일본 애들이 히치하이크에 성공했다고 해서 너무 만만하게 본 것은 아닐까?
역시 돈을 좀 더 들여 랜드 크루저로 갔어야 했나?
이런 저런 생각을 하며 또 하루가 저문다.
3일째 되던 날 아침, 변씨 아저씨가 중대 결심을 하기에 이르렀다.
오늘 오전까지만 기다려보고 안되면 히치하이크를 해서 네팔로 들어

간다는 것이었다.
변씨 아저씨의 중국 비자기간이 얼마 남지 않아 시간이 지체될 경우 카일라쉬에 도착했을 무렵 비자가 끝난다는 문제가 걸렸기 때문이었다.
그렇게 되면 티베트에서 파키스탄으로 넘어가는 계획도 차질이 생기니 차라리 네팔로 가서 인도를 통해 파키스탄으로 가는 길을 택하겠다는 것이었다.
계속 트럭이 오기를 기대했으나 결국 실패.
변씨 아저씨는 티베트인의 경운기를 타고 네팔의 잠무로 가는 길인 검문소 앞의 갈림길까지 가기로 했다.
경운기에 짐을 싣고 변씨 아저씨는 손을 쳐들어 보인다.
"자네들은 꼭 성공하라구."
셋이서 트럭을 기다리다 갑자기 한사람이 떠나버리니 빈자리가 너무 컸다.
이래저래 의기소침해져 오늘 오후까지 트럭을 잡지 못하면 라사로 다시 돌아가자고 S에게 제안한다.
S도 내키지 않지만 더 이상 무모하게 기다릴 수도 없는 노릇이라 그러기로 동의했다.
낮 3시가 지나도 트럭은 코배기도 안 보인다.
초대소의 주인아저씨도 며칠간 죽치고 앉아있는 우리가 신기한지 힐끗힐끗 보다가 나중에는 같이 걱정을 해준다.

"왜 이리 트럭이 안 올꼬?"

결국 히치는 운대가 안 맞나 보다. 하고 다시 배낭을 매고 검문소까지 터덜터덜 걸어왔다.

검문소를 지나 라체로 들어가는 경운기라도 있으면 타고 가려고 기다리는 순간, 이게 웬일인가? 트럭이 오고 있는 것이 아닌가.

밑져야 본전이라는 생각으로 다시 지도를 펴내 운전사의 코밑에 들이민다.

"알리 가여?"

그러자 트럭기사는 알리까지는 아니고 중간마을인 가체까지는 간다고 하는 것이 아닌가.

"허가증 없어도 태워 줘여?"

그러자 기사는 일단 검문소만 잘 통과하라고…. 그러면 자기네들이 앞에서 기다리고 있다가 픽업 하겠다고 한다.

그래서 백주 대낮에 다시 배낭을 짊어지고 끙끙거리며 검문소 뒤를 돌아갔다. 그리고 드디어 트럭을 탔다.

3일간의 기다림 끝에 얻은 귀한 트럭이었다.

54. 알리

가체에서 3일, 염호에서 하루를 기다려 10일만에 라체에서 알리로 입성했다.

알리는 교차로를 지나는 두 개의 큰 길을 가진 영화세트장처럼 보였다.

흰 타일을 바른 벽과 푸른 색 유리를 댄 조잡한 현대식 건물들, 그것은 대부분이 식당이거나 술집, 가라오케 바였고 투명한 피부를 가진 중국여자들이 하늘거리는 치마에 딱 달라붙은 블라우스, 그리고 굽 높은 플랫폼 구두를 신고 거리를 활보했다.

은광과 동광이 발달한 탓에 새벽이면 티베트인들은 남녀 할 것 없이 손에 삽을 들고 거리의 인력시장으로 나가 일거리가 생기기를 기다리기도 했다.

신장의 카쉬카르에서 티베트로 넘어오는 요충지인 알리를 중국정부는 서부 티베트의 거점 도시로 육성하며 조만간 이곳에 공항까지 만들 계획까지 가지고 있었다.

그래서인지 알리에서는 티베트인이 외부인처럼 보일정도로 중국 한족과 신장의 무슬림의 인구비율이 높았다.

그러나 사막에 세워진 카지노장처럼 티베트 고원 위에 시멘트 건물로 세워진 알리는 영화세트장처럼 현실감이 없었다.

현실감이 없기는 교차로에 세워진 게스트 하우스도 예외가 아니었다.

방은 아늑하고 햇볕이 잘 들었지만 화장실이 없었던 것이다.

그것은 이 거리에 세워진 다른 건물도 마찬가지였다.

알리에서 볼일을 보고 싶으면 중심가에 단 하나밖에 없는 공중변소를 사용해야만 했다.

입구에는 쓰레기와 성병 진료소의 전단이 붙어있고 문을 열면 낮은 담으로 칸막이를 해 놓은 컴컴한 화장실을.

그러나 이러한 점을 제외하면 알리는 유쾌했다.

무엇보다 중국식, 티베트식, 무슬림식의 맛있는 음식점들이 있고 뜨거운 물이 쏟아지는 쾌적한 공중목욕탕이 있었으니까.

그것은 10일 동안 인스턴트 누들에 질린 위와 먼지 쌓인 몸을 씻기에는 적당한 장소였던 것이다.

게스트 하우스에 도착해 짐을 풀고 있는데 누군가가 다급하게 문을 두드린다.

열어보니 중국공안이었다.

"어디에서 왔소?"

유창한 영어였다.

"라체에서 왔는데요."

"허가증은?"

"아…. 그게…. 없습니다."

"그럼 빨리 신고하시오."

나중에 알고 보니 우리처럼 불법으로 오는 외국인들이 하도 많아서 알리에서 벌금을 무는 것은 관행처럼 되어있다고 한다. 그래서 길에 신참내기 외국애가 쭈삣거리고 돌아다니면 얼마 안 되는 게스트 하우스를 뒤져 벌금 내라고 통보하는 것이 공안들이 하는 주요 임무였다.

벌금은 320원(40달러)….

그리고 이로써 우리는 좀 더 가까이 카일라쉬에 다가가게 되었다.

55. 다르첸

다르첸은 티베트의 여느 시골마을이나 별다를 게 없었다. 마니차가 있는 마을 어귀의 작은 사원, 옹기종기 모여 있는 흙집들, 그리고 삼삼오오 모여 뜨개질을 하고 있는 티베트 아낙들.
알리에서 만난 경혜씨와 애경씨와 함께 히치하이크로 타고 온 우편 트럭에서 내려 다르첸의 유일한 게스트 하우스인 다르첸 게스트 하우스로 발걸음을 옮겼다. 그 곳은 라체에서 묵었던 초대소처럼 커다란 마당을 두고 디귿자 형으로 건물이 배치되어 있었으며 서쪽으로는 눈 덮인 카일라쉬의 봉우리가, 그리고 동쪽으로는 넓은 광야와 함께 네팔과의 경계를 이루는 네모난지산이 멀리 보였다.

마당에는 그룹으로 온 인도인들이 시바 신에 대한 노래를 부르며 뿌자 의식을 하고 있었다.
조그만 캐스터네츠 같은 것으로 노래의 장단을 맞추며 쟁반 안의 불로 몸과 마음을 정화시키는 의식이었다. 의식이 끝나자 몇몇은 숙소 안으로 들어가고 몇몇은 서쪽으로 카일라쉬를 바라보며 명상에 잠긴다.
저무는 노을이 설산의 봉우리를 수줍은 장미 빛으로 물들이고 있었다. 설산을 바라보며 좌선을 하고 있던 인도인 아저씨가 우리에게 말을 걸어온다.
이래저래 이야기를 하다 보니 구자라트 주에서 온 변호사 출신이었다. 그밖에도 그룹으로 20명 정도가 온 것 같았는데 델리에 사는 정부관리가 팀장을 맡고 있는 이 그룹은 해마다 600명밖에 허용되지 않는 인도 측 카일라쉬 방문객 대열에 운 좋게 합격된 그룹이었다.
중국과 인도 측의 정치적 알력 때문인지 다람살라의 임시정부를 허용하고 있는 인도 측에 티베트를 개방하기가 힘든 부분 때문인지는 모르겠으나 인도에서 카일라쉬를 방문할 수 있는 관광객 쿼터는 600명 남짓으로 이들은 그 비용을 부담할 경제력과 트레킹을 할 만한 체력을 가지고 있어야하며 이를 통과한 인원들을 최종적으로는 추첨을 통해 뽑는다고 한다.

그래서인지 게스트 하우스에 묵고 있는 인도인도 한결같이 교수, 변호사, 정부관리, 의사 등 중상류층 사람들이었다.

내가 이야기를 하게 된 이 인도인 아저씨는 이번이 카일라쉬를 두 번째 방문하는 것인데 카일라쉬산 앞에 있으면 강렬한 기를 느낄 수가 있다고 했다. 그래서 점점 명상에 잠기다보면 챠크라가 열리고 유체이탈의 상태에 이르러 영혼이 우주로 날아가는 것을 느낄 수 있다고….

그러나 그는 카일라쉬산이 진짜 힌두에서 말하는 메루산인지는 아직도 불분명한 점이 많다고 했다.

"내가 생각하기에 진짜 메루산은 카일라쉬가 아니라 중앙아시아에 있는 알타이산이야. 물론 인도대륙의 관점에서 바라보면 중심은 티베트에 있는 이 카일라쉬이지만 아시아의 관점에서 바라보면 이 곳은 변방밖에 되지 않지."

힌두신화에서 메루산은 세계의 중심에 위치하며 여기에서 우주가 시작되고 끝난다고 한다.

그리고 신들은 하늘과 맞닿아있는 산의 꼭대기에 거주하며 동서남북의 네 방향으로 4개의 강이 흘러내리고 이 강이 흘러든 대양 위에 주요대륙들이 떠 있다.

우리가 살고 있는 세계는 이 산을 둘러싸고 있는 갠지스의 모래알만큼 많은 세계중 하나로

메루산 남쪽의 사과나무, 잠부의 이름을 따서 잠부드비파라고 부른다.

그래서 예로부터 힌두교도들은 이산이 히말라야의 어딘가에 존재하고 있다고 믿었다.

그런데 8000미터가 넘는 고봉이 많은 히말라야에서 하필이면 6714미

터밖에 안 되는 카일라쉬가 이러한 메루산이라고 믿어지는 데는 카일라쉬의 지정학적 위치와 이 산을 중심으로 4개의 강이 흘러 인도 대륙을 비옥하게 만들어주고 있다는 데에 연유한다. (남쪽으로는 갠지스강으로 흘러들어가는 카날리강이, 동쪽으로는 히말라야를 돌아 벵갈에 이르는 브라마푸트라강이, 서쪽으로는 북서부 인디아로 흘러들어가는 수트레이강이, 그리고 북쪽으로는 인더스강의 원류가 흐른다)

힌두교도들에게 카일라쉬는 파괴와 생성의 신인 시바가 거주하는 곳이며 구자라트를 중심으로 널리 퍼져있는 자인교도들에게는 그들의 교주가 해탈한 곳, 그리고 불교에서는 석가모니와 파드바삼바바, 밀라레파 등과 같은 위대한 성인들이 수도한 곳이며 티베트의 토착종교인 본교로 거슬러 올라가면 본교의 창시자인 센랍이 하늘에서 내려온 곳으로 믿어지고 있다.
그러나 진짜 수미산은 인도인 변호사의 말대로 인간의 관념 안에 있는지도 모른다. 그러나 인간은 관념뿐만 아니라 매일 매일의 생존을 영위해나가야 하는 구체적 존재인지라 이러한 마음안의 우주를 외부세계에서 찾기 시작했고 그 중에서 독보적인 위치와 지형을 가진 카일라쉬를 신화 속의 성산으로 숭배하기 시작했을 것이다. 아직도 이 성스러운 산으로의 순례의 발길은 끊이지가 않는 것은 영원의 무리인 인간들의 마음에 무언가를 갈구하는 마음이 변하지 않았음을 말해주고 있었다.

56. 카일라쉬 (첫째 날)

간밤부터 부슬부슬 내리던 비가 아침까지 이어진다.
8월이라 한창 여름이지만 고지대인지 밤이면 만만찮은 추위가 엄습해와 나는 숙소의 이불 밑으로 자꾸 웅크려들고 있었다. 어제는 밤새 초를 켜놓고 알리에서 만나 함께 오게 된 경혜씨와 애경씨, 그리고 S와 이야기를 나누었다.
경혜씨와 애경씨는 실크로드 여행을 하다 만나서 보름정도 함께 여

행을 하고 있다고 했다. 언제나 배낭여행을 하면 느끼는 것인데 아무리 여행문화가 많이 바뀌고 있다고 하지만 야무지고 당찬 배낭족들을 보면 정말 많은 것을 깨닫는다. 북경의 한국인 회사에서 8개월간 근무했다는 경혜씨나 정치외교학과 3학년에 재학 중이라는 애경씨도 그런 경우로, 예산을 허투로 낭비하는 법이 없고 매일 꼬박꼬박 여행일지를 적어나가고 현지 사람들과 만나는 데 주저함이 없다.

그렇게 여행의 매순간 순간을 알차게 살아내는 그들을 보며 장기간 여행으로 다소 여유로웠던 나 자신이 너무 게을렀던 것은 아닌가 하는 반성에 빠지게 된다.

그래서인지 악천후로 트레킹을 내일로 미루려던 나와는 달리 경혜씨와 애경씨는 허비할 시간이 없다며 알뜰히 배낭을 꾸리기 시작한다.
밖을 나와 산을 바라보니 아직도 먹구름이 산허리를 덮고 있다.
S는 카일라쉬가 그리 높지는 않으나 나무가 없어 공기가 희박하다며 잘못 등반하면 위험하다고 엄포를 놓는다. 그러나 다행히 정오가 되기 시작하면서 비가 그치고 날이 개이기 시작했다. 곧 날씨가 좋아질 거라며 먼저 출발한 경혜씨 일행의 선견지명에 감탄하며 좀 늦었지만 오늘부터 산행을 시작하기로 결심했다.

카일라쉬 코라는 총 53 킬로미터로 시계방향인 서쪽으로부터 산등성이를 돌기 시작해 다시 다르첸으로 오는 코스였다. 이런 코라는 티베트사람들의 성지를 순례할 때 주로 사용하는 방법으로 이는 사원이나 성스러운 호수 그리고 성인이 수도했던 동굴, 그리고 카일라쉬 같은 영산에 경외를 표하기 위해 행해진다. 이렇게 코라를 많이 돌면 돌수록 선업이 쌓이고 불력이 강해진다고 한다. 그래서인지 라사의 조캉 사원이나 포탈라 궁 앞에도 하루의 일과를 마치고 사원주위를 도는 사람들의 행렬이 무리를 이루는 것을 종종 볼 수가 있었다.

카일라쉬의 코라를 도는 첫날은 비교적 평탄한 길의 연속이었다. 발카 평원이 보이는 길을 지나 다시 북쪽으로 가다보니 거대하게 바람

을 맞고 있는 삼각형 모양의 쵸르텐이 보였는데 이는 다포체라고 하고 매년 티베트 달력으로 사월 보름에 부처님의 탄생을 기념하여 이곳에서 사가다와 라는 행사를 벌인다고 한다. 이는 새해 카일라쉬 순례의 시작을 의미하기도 하는데 왜냐하면 사월까지는 코라의 하이라이트인 5600미터의 돌라마 패스가 눈으로 뒤덮여 코라를 돌지 못하기 때문이었다.

이 다포체 바로 위에 움푹하게 내려간 곳에는 평평하게 생긴 붉은 돌에 수많은 사람들의 이름과 만트라경이 새겨져 있는데 그 돌은 부처님이 500명의 제자와 함께 이 곳으로 가져온 것이라고 한다.

이 고개의 옆으로 완만하게 라츄강이 흘러가고 다시 너른 평원이 나왔다. 검은 야크를 몰고 가는 목동의 모습이 멀리서 보이고 반대편 산등성이로는 파드바삼바바(트리송 텐젠왕 때 불교의 중흥을 위해 초빙한 인도의 요기. 티베트 사람들은 이를 구루 림포체라 부른다. 그는 삼에에 최초의 불교 모나스트리를 세워 티베트 불교의 기틀을 다지고 티베트 사자의 서 같은 자료들을 정리, 간행하였다. 이 파드바삼바바는 신화적 존재로 연꽃에서 태어났다고 하는 탄생 설화를 가지고 있다)가 수행했다고 하는 쵸쿠 곰파가 나왔다.

우리는 여기에서 좀 쉬기로 했다. 아까 봤던 목동에게 길을 물으니 우리가 가고자 하는 드리라푹 절까지는 3시간 가량을 더 걸어야 한다고 한다. 그래도 오늘 목표량의 절반쯤은 온 셈이었다. 목동은 한 12살쯤 되었을까? 얼굴은 검게 그을렸지만 섬세하게 수를 놓은 의상이며 보석을 박아 넣은 긴 칼을 찬 품새가 기품이 있었다. 그가 거주하는 텐트 안에는 18살쯤 되어 보이는 소녀와 5살 박이 꼬마 여자아이가 있었다. 소녀는 새초롬한 눈매에 갸르스름한 얼굴선을 지닌 상당한 미인이었다. S는 밥을 하고 있는 소녀를 꼬드겨 사진을 찍기 시작하고 나는 그 옆에서 경혜씨에게 배운 중국어로 예쁘다, 예쁘다를 연발했다. 그러나 소녀는 나를 한번 힐끗 쳐다볼 뿐 별 반응이 없다. (나중에 알고 보니 내가 예쁘다고 외우고 있었던 '부커이'는 중국말로

'안 된다' 라는 뜻이었다고. 결국 난 그 옆에서 안 된다. 안 된다를 연발하고 있었으니^^) 텐트 주위로는 4마리의 야크가 춤을 추듯 돌아다니고 있었다. 이들은 육중한 몸을 흔들며 그들의 젖과 고기와 털, 그리고 분비물로(잘 말린 야크똥은 티베트인들에게는 중요한 연료원이다) 이 유목민 가족의 생계를 책임지고 있는 것이다.

유목민 가족과 다시 작별을 고하고 길을 떠났다.
멀리서 돌 더미에 절을 하고 있는 두 명의 티베트 아주머니들이 보였다. 가까이 가서보니 이들의 옷은 온통 흙투성이고 입에는 마스크를 끼고 있었다. 오체투지를 하여 카일라쉬 코라를 도는 사람들이었다. 이는 종교적 헌신을 나타내는 가장 힘겨운 방법으로 손을 합장하여 이마에 대고 몸 전체를 바닥에 뉘여 절을 하며 앞으로 나아가는 방식이었다.
고무로 된 앞치마나 마스크는 몸이 땅과 닿았을 때 그 마찰을 줄여주기 위해 착용한 것이었다. 이런 식으로 카일라쉬 주위를 도는 데는 약 2주가량이 걸린다고 한다. 이렇게 하루 동안 돈 지점을 돌로 표시하고 날이 저물기 전 다음번 숙소로 가서 묵었다가 다시 아침이 되면 그 장소로 돌아와 오체투지를 계속한다고 한다. 우리는 그 때 일과를 마치고 귀환하는 사람들을 만난 것이었다. 아주머니가 옷 앞섶에서 사진을 꺼내더니 여기가 밀라레파(티베트 불교의 성인. 노래하는 시인이라고도 불리며 한생 만에 너바나에 이르렀다고 함)가 앉은 자리라고 말한다. 야크의 굽은 뼈처럼 생긴 돌 의자를 바라보며 그들은 또 한 번 합장하기 시작했다.

57. 카일라쉬 (둘째 날)

카일라쉬 순례는 약 3일로 이루어져있다.
물론 체력 좋은 티베트인들은 새벽에 출발해 저녁 무렵이면 코라를 가뿐히 다 돈다고 하지만….
보통 하루에 20 킬로미터를 가는 것이 적당하고 또 이 코스가 마치는 지점이면 어김없이 곰파나 간이 숙소가 있다. 우리가 첫째 날 도착한 드리라푹 곰파 맞은편에 위치한 티베트인 숙소도 카일라쉬에 산재해 있는 이러한 장소 중 하나였다. 카일라쉬의 암봉이 가장 잘 보인다는 북쪽 사면 바로 아래 위치한 이 곳에는 3개의 티베트인 텐트가 쳐져 있었고 뒤로는 간단한 돌집과 매트리스도 구비되어 있었다.
여기에서 먼저 도착한 애경씨와 경혜씨, 그리고 알리에서 함께 트럭을 타고 다르첸으로 왔던 외국인 여행자들을 재회 할 수 있었다.
낮이 되자 푸른 하늘을 등 뒤로 지고 우뚝 솟아있는 설산이 보였다. 그것은 주변의 황토빛 민둥산을 꽃잎처럼 싸고 솟아나온 수술처럼 도드라졌다. 실제로 암석의 성분도 카일라쉬 본봉은 암회색의 돌산인데 비해 주변은 황갈빛의 사암으로 된 흙산이었다. 이러한 산을 힌두교도는 시바신의 링감을 닮았다고 하고 불교도들은 파드바삼바바가 태어난 연꽃의 중심수술을 닮았다고 본다. 그리고 이 암봉의 빙하가 녹은 물이 사방으로 흘러내려 산을 중심으로 해자처럼 돌아가고 있으니 이 어찌 신비롭지 않겠는가.

나는 암봉에 더 가까이 가고 싶은 마음에 텐트 앞에서 휴식을 취하고 있는 일행에서 떨어져 나와 산을 오르기 시작했다.

곧 손에 닿을 듯이 가까워 보이던 산은 오르고 또 올라도 다시 그 자리에 있는 듯하고 빙하에 녹은 물만이 맹렬한 소리를 내며 흘러내렸다. 나는 손을 담갔다가 얼음처럼 차가워 짐짓 뒤로 뺀다. 좀 더 올라가니 노란 꽃이 피어있는 작은 들판이 나온다.

털썩 몸을 누이고 하늘을 바라보았다.

내가 이 곳에 있다는 것이 믿어지지 않았다.

이러한 완벽한 장소, 완벽한 시간, 그리고 완벽한 정적 속에….

병풍처럼 카일라쉬를 둘러싸고 있는 황토빛의 산들이 환영처럼 보였다.

불교에서 인간사의 모든 것이 환영이라고 하는 말은 맞는 이야기일 것이다. 끝없이 광대한 티베트의 자연을 보고 있자면 그 무한함 속에서 눈에 미치는 이 모든 풍광들이 어쩌면 꿈에 불과할 것이라는 불길한 생각이 드는 것이다. 그 곳에서 시간은 세력을 잃고 측량할 수 없는 순간만이 막중한 힘으로 존재를 육박해온다.

한참을 그렇게 있다 보니 누군가 산을 올라오는 인기척이 들린다.

트럭을 같이 타고 온 뉴질랜드 여자였다.

트럭을 타고 오며 자리 문제로 트러블이 있었던 괄괄한 성미의 여자였지만 이런 한적한 장소에서 만나니 반가웠다. 그녀도 함박 웃으며 산 앞까지 가 보았냐고 묻는다. 난 그저 여기 앉아서 바라보고 있는 중이라고 대답했다. 그녀는 이마에 송글송글 맺힌 땀을 닦으며

"휴, 티베트는 정말 여행하기 힘들지?"

하고 묻는다.

나는 10일에 거쳐 라체에서 알리까지 오던 길, 척박한 풍토와 간소하기 짝이 없는 식사 등을 떠 올리며 고개를 끄덕인다.

"너는 어때?"

"글쎄…. 이제까지 세계의 40개국을 가봤는데 그중에서도 티베트는 특히 여행하기가 힘들었던 것 같아. 하지만 이런 여행을 통해서 난 더 강하고 나은 사람이 될 거라는 생각이 위안이 돼. 정말 멋진 산이지 않아?"

나는 다시 고개를 끄덕인다.

그리고 그녀는 산 위로 발길을 옮겼다.

58. 카일라쉬 (셋째 날)

오늘은 카일라쉬 코라의 하이라이트라는 돌라마 패스(5630미터)를 넘

는 날이다. 이제까지의 코스가 평탄한 편이었다면 오늘은 본격적으로 등반을 각오해야 하는 날. 카메라 장비를 멘 탓인지 평소의 운동부족인지 발걸음이 자꾸만 느려진다. S가 계속 펭귄이라고 놀리는데도 불구하고 5분정도 걷다 쉬고 하는 것을 반복한다. 같은 경사도의 산행이라고 해도 이곳은 나무가 거의 없어서 산소가 희박하다. 이러한 요인도 산행을 힘들게 하는 요소 중의 하나. 그럼에도 불구하고 우리의 씩씩한 대한 낭자 에경씨와 경혜씨는 벌써 저만큼 앞서갔다. 하긴 제주도 과수원집 딸이라는 경혜씨는 심심하면 한라산에 가서 놀았다니까.

오늘은 아침 일찍 출발한 탓인지 마니차를 돌리며 순례를 하고 있는 티베트인들을 꽤 많이 만났다. 그 중에는 단체로 순례를 온 라체에서 온 일가족도 있었는데 이들은 봇짐 안에 마른 야크고기와 짬바(보리 가루) 등을 넣고 가뿐히 산을 넘고 있었다. 그러고 보면 티베트인들의 주식인 야크나 짬바는 최고의 비상식량이 아닌가한다. 하긴 징키스칸이 유라시아를 정복해 세계최대의 몽고제국을 건설한데는 이러한 유목민의 비상식량과 비단을 촘촘히 짜서 만든 경량급 갑옷이 한몫을 했다니까.

그래서 가방에 비디오카메라와 관광책자, 세면도구를 잔뜩 넣고 움직이는 욕심 많은 여행자인 나의 발걸음은 점점 느려졌다.

드디어 한참을 걸어 쵸르텐이 걸려있는 실우트셀 납골 공원에 도착했다.

이 곳에는 사람들이 버린 옷가지와 쌀, 식기 등의 물건이 흩어져있었는데 이 곳은 순례를 도는 사람들이 자신의 소지품이나 머리카락, 손톱 등 신체 일부분을 버림으로써 삶에 대한 집착을 버리고 상징적으로 죽음을 경험하게 되는 장소라고 한다.

그래서 실우트셀이라는 이름도 인도 부드가야의 유명한 화장터의 이름을 딴 것이라고 한다.

나는 일단 쉴 자리를 찾았다는 데 기뻐서 짐을 내려놓았다. S는 이러한 장소의 유례를 경혜씨에게 설명하며 머리카락을 자를 것을 종용하고 있었다. 경혜씨는 반신반의 하더니 S가 여기에 자신의 물건을 묻고 가면 다음 생에 더 나은 존재로 태어난다고 꼬드기자 결국 긴 머리칼의 끝을 조금 잘라 땅 위에 흩뿌린다.

나도 무언가 버릴 것을 찾았다. 그러다가 문득 손목에 차고 있던 용팔찌에 눈이 갔다. 라사의 조캉 사원 앞의 가판대에서 산 푸른 눈을 한 용이었다. 그리 잘 만들었다고도 할 수 없는 어설픈 기념품이었지만 나는 이것을 카일라쉬에 묻고 가고 싶었다.

그것은 아마도 내가 내세에 대한 희망, 혹은 이 산을 돌고 난후의 미래에 대한 욕망이 아직 커서인지도 모르겠다.

나는 모든 것을 버리기를 요구하는 그 땅에서 어쩌면 더 큰 욕망을 기원하고 있었는지도 모른다.

만약 죽는다면 여기서 죽는 게 천국으로 가는 지름길이라는 S의 농담을 들으며 우리는 이 죽음의 장소를 떠났다.

좀 더 올라가자 수많은 쵸르텐이 휘날리고 있는 돌라마 패스가 나타났다. 여기에서 순례자들은 준비해온 쵸르텐을 걸거나 바위에 버터로 돈을 붙여 공양을 들이거나 만트라를 왼다.

나는 비디오로 이 쵸르텐의 흩날림을 찍고 있었다.
안개 싸인 카일라쉬의 북쪽 암봉이 우리에게 마지막 인사를 했다.
이로써 우리는 카일라쉬 코라의 정상에 도달한 것이었다.

돌라마 패스를 넘어서니 4개의 녹색 웅덩이가 있는 가우리 군드가 보였다. 이 곳은 시바신의 아들, 가네쉬가 태어나 목욕을 했다는 힌두의 신화를 간직하고 있는 곳이었다. 그래서 성지순례를 하는 인도인들은 이 웅덩이에서 목욕을 하는 것을 영광으로 생각한다. 그러나 이와는 반대로 티베트인들은 성스러운 호수에는 절대 몸을 담그지도 않고 그 호수에서 잡은 물고기는 먹지도 않는다. 호수의 신이 노한다고 생각하기 때문이었다.

가우리 군드에서 내려오자 다시 완만한 평원이 나타났다. 이쯤에서 길을 물으니 우리가 가려는 조툴푹 모나스트리까지는 약 두 시간이 걸린다고 했다.

인스턴트 누들과 과자 등을 파는 티베트인 텐트에서 맛없는 중국라면으로 점심을 때우고 다시 발길을 재촉한다. 평원을 가로지르는 작은 개천 너머로 오른편은 큰 돌이 많은 돌밭이었고 왼편은 풀이 덮인 들판이었다. 티베트인 순례객의 대부분도 개천을 건너 왼편의 들판으로 걸어 가길래 우리도 개천을 지났다. 그러나 두 시간이 지나고 세 시간 네 시간이 지나도 모나스트리는 코배기도 안 보이는 것이 아닌가. "왜 이렇게 멀지? 그 아저씨가 2시간이면 간다고 했잖아?"

"그건 티베트 사람들 속도로 두 시간이지. 맨날 두 시간이라고 해서 걸어가다 보면 우리는 배로 걸렸잖아."

그러나 모나스트리는 나타날 기미도 없이 날이 저물고 있었다.

계속 걸어가다 보니 큰 강이 나오고 그것을 경계로 왼편의 산과 오른편의 산이 완전히 갈라지는 갈림길이 나왔다. 사방 어디를 둘러봐도 모나스트리는 커녕 텐트 하나 보이지 않았다. 어느덧 밤이 찾아들고 기온은 점점 내려갔다.

"어떡하지? 길을 잘못 들었나?"

S가 다시 지도를 펼쳤다.

그러나 여전히 모나스트리의 행방은 오리무중이었다.

장시간에 거친 트레킹으로 지쳐 나는 말했다.

"어디 빈 동굴이라도 없나. 하룻밤만 쉬다 가면 될 텐데."

"그러지 말고 다시 돌아갈까?"

"다시? 다시 어디로?"

"우리가 점심 먹었던 그 티베트인 텐트로."

"거기까지 갈려면 5시간이나 걸릴 텐데…. 이 밤에 어떻게 거기까지 가? 게다가 강을 건너야 하잖아." 난감했다.

사막과 같은 민둥산의 땅은 낮 동안의 열기를 쉽게 빼앗겨 버렸다.

후레쉬를 켜고 이리저리 살피면서 바람을 막을 동굴을 찾아보았지만 산꼭대기쯤에 신이나 거주할만한 동굴이 눈에 띄었을 뿐 범인인 우리는 도저히 접근조차 할 수 없었다. 결국 큰 바위 하나를 발견했고 그 사이에 몸을 끼고 아침까지 버티기로 했다.

설상가상 날은 흐려져 비까지 뿌려대기 시작했다.

준비해간 우산으로 지붕을 삼고 바위로 벽을 삼았지만 휘몰아치는 빗줄기를 막기에는 역부족이었다. 결국 결론을 내려야 했다.

이대로 있다가는 조난당해 죽을 수도 있겠다는 생각이 들었다. 발이 비에 젖어 점점 감각이 없어지기 시작했다.

"돌아가자."

우산을 접으며 S가 단호히 말했다.

그래서 우리는 곧 떨어질지도 모르는 후레쉬 불빛을 아껴가며, 군데군데 생기기 시작한 도랑을 건너며 왔던 길을 되돌아갔다.

여름이지만 빙하가 녹은 물이라 발에 닿는 감촉이 무척 차가왔다. 그렇게 몇 번 개울을 건너니 운동화는 물로 젖어 질퍽거리고 군데군데 산재한 야크 지뢰를 밟아 더럽기 그지없었다.

그리고 후레쉬의 불빛도 점점 떨어져 가고 있었다.

"더 이상 못 가겠어."

나는 주저앉고 있었다.

"차라리 그때 그 텐트에서 잘걸. 괜히 곰파로 간다고 하구선…."

낮을 후회하고 잘못 들어선 길을 원망해보지만 별 도리가 없었다. 무거운 다리를 끌고 가냘픈 빛을 의지해 돌아갈 수밖에는… 드디어 강 저편에 텐트의 불빛이 보였다. 아침 해가 푸르스름하게 밝아오고 있는 새벽이었다.

59. 카일라쉬 (넷째 날)

꿈결 같은 잠을 자고나니 화로에 불을 넣고 있는 티베트인 청년이 나를 멀뚱멀뚱 쳐다본다. 비에 젖은 양말과 신발, 자켓 등은 난로주변의 선반이란 선반을 다 덮고 있고 짐은 마치 피난민의 것처럼 파헤쳐져 축축이 물기에 젖어있었다. 무엇보다 비디오카메라와 카메라 장비들이 문제였다. 그제서야 정신이 나서 대강 물기가 마른 기기를 조작해보니 그나마 작동이 된다. 한시름 놓는다.

간밤에 빗줄기를 뚫고 바득바득 기어온 우리를 텐트에 불러들여 뜨거운 차와 인스턴트 라면을 준 티베트인 청년은 우리가 아침 내도록 떠날 생각을 안 하고 잠만 자자 못내 귀찮은 모양이다. 곧 손님들이 들이닥친다며 짐을 싸서 나갈 것을 종용한다. 나는 양말이 마르면, 신발이 마르면, 점심을 먹고 나면, 하며 출발을 늦춘다. 몹시 피로했다. 그러나 어젯밤의 일을 생각하면 이러한 텐트 안의 불기라도 쬘 수 있다는 것이 너무 감사할 따름이었다. 좀 정신이 들지 S는 간밤의 무용담을 티베트 청년과 트레킹 인원 등을 끌고 온 네팔인 가이드에게 펼쳐놓기 시작했다. 그러자 네팔인 가이드는 혀를 끌끌 차며 곰파는 왼쪽 편이 아니라 돌밭이 있는 오른편 고개를 돌아서 있다고 했다. 그러니까 우리가 본 티베트 사람들은 돌밭을 피해 왼편 들판을 걸었다가 다시 개천을 건너 오른편 기슭으로 돌아가는 사람들이었던 것이다. 뭐든지 알려면 제대로 알아야 한다고…. 이제까지 잘 왔다고 섣불리 길을 나선 것이 화근이었다.

그는 이 텐트로부터 곰파까지는 5시간이 걸릴 거라고 했다. 친절한 네팔인 가이드로부터 트레킹 음식으로 준비해온 레몬 팬케이크와 참치 샐러드(카일라쉬에서는 정말 눈물이 나도록 고급스런 음식이었다)를 얻어먹고 다시 길을 나섰다.

돌밭을 지나 평원에는 네팔에서 카일라쉬 트레킹을 온 서양인 여행자 그룹들이 텐트를 치며 야영을 준비하고 있었다.

거기에서 개울을 따라 걸어가니 어제 우리가 공포 속에서 떨며 바라보았던 큰 강이 나왔다. 여기에서 가뿐하게 서쪽으로 우회했다. 그러자 다시 구불구불한 고개 길이 나왔다.
반대편 평원에서는 어디선가 많이 보았던 것 같은 일행이 야크를 앞세우고 왔다. 카일라쉬 코라를 도는 첫째 날 드리라풐 곰파 부근에서 만났던 유목인 가족들이었다. 이들은 텐트와 취사도구를 야크의 등에 싣고 이동을 하고 있었다. 아버지와 어머니 그리고 아이들 3. 다복한 일가족이었다.

고개에서 2시간을 더 걸어 밀라레파가 수도했다는 동굴이 있는 추룰팍 모나스트리에 이르렀다.

인도인 두 명이 지팡이를 짚고 곰파 앞을 거닐고 있었으며 둘째 날, 카일라쉬 북쪽 사면에서 보았던 일본인과 멕시코인 여행자들도 일찌감치 곰파에 도착해 쉬고 있었다.

"좋은 트레킹이었어?"
그들이 물었다.
나는 고개를 끄덕였다.
"환타스틱."

무엇이 환타스틱이었냐? 셋째 날의 고난이 있었기 때문에…. 카일라쉬를 한번 돌면 일생의 업이 사해지고 108번을 돌면 바로 열반의 경지에 오른다고 한다.
고작 4일간 이 산을 한번 돈 것으로 내 인생의 업이 사해졌다고는 믿을 수 없었지만 그것은 드라마틱하고 멋진 트레킹이었다. 게다가 이것은 성지 순례가 아닌가. 고난이 있는 것은 당연한 일.

그 후 S와 나는 계속 요리에 관한 대화를 나누며 카일라쉬를 내려왔다. 게장 담그는 법. 김치찌개를 맛있게 끓이는 법, 갈비찜을 할 때의 유의사항. 스파게티 삶는 법까지…. 그것은 4일 동안 인스턴트 라면과 보리가루만으로 연명해야 했던 나에겐 진정한 판타지였다.
산을 돌아 더욱 깊어지고 빨라진 물살은 강을 이루어 바카르의 평원으로 흘러들고 있었다.
멀리 노을 너머로 카일라쉬에서 고행을 마친 아들이 몸을 씻을 장소가 필요하다고 하여 브라마 신이 만들었다는 호수 만사로바가 희미하게 떠올랐다.

60. 여행기를 마치며

2월이 오기 전에 여행기를 다 정리하려고 했는데
부득이 시간을 끌게 되었다. 아무리 쓰려고 해도 글이 쓰여 지지 않았다. 그래서인지 억지로 쓴 카일라쉬 여행기는 쓰고 나서도 다소 산만한 느낌이다.
그러나 그것을 수정할 여력이 아직은 없다.
모든 글을 풀어놓고 모든 상념을 비워두고 싶을 뿐.
20代 인도와 네팔, 티베트에 걸친 여행을 어떻게 해서든지 정리해야 한다는 생각에 처음 펜을 들었었다. 그러나 그런 여행의 시간들이 빈약한 언어로 정리되리라고는 생각되지 않는다.
다만 문자라는 도구를 빌어 나 자신이 한 번 더 여행하고 싶었던 욕심을 채웠다고나 할까.

아직 완전히 마무리 된 것은 아니지만 일단 여기에서 여행의 기록들은 뚜껑을 봉하기로 한다.

훗날 다시 이 미숙한 글들과 사진들로 인해 좌충우돌의 시절을 회고하는 단서가 되길 빌며.

길 위에서 때로는 고독하고, 힘이 들었고, 속임도 당했지만 나는 수많은 도시의 입구로 들어섰으며 그 곳에서 사람들을 만났고 자연과 문명이 허락한 광활한 풍경을 묵도할 수 있었다.
그리고 필연적으로 나 자신과 부딪히게 되었다.
이 부딪힘이 얼마나 성공적이었는지는 오랜 시간이 흐른 뒤 다시 판단할 수 있으리라.

그러나 분명한 것은 이십대의 마지막과 21세기의 처음을 뚫고 간 이 시간들을 나는 내 인생의 어떤 순간보다 사랑한다는 것이다.

참, 그리고 한 달 전 인도 리쉬케쉬에서 만난 요가 선생님 라데로부터 연락이 왔다. 그는 지금 프랑스 파리에 있다고 한다. 그를 방문한 유럽인 제자의 도움으로 개안수술을 받았으며 이제 그 결과를 기다리고 있는 중이라고 했다. 인생은 이런 놀라운 기적으로 이루어져 있는 것이다. 나는 라데의 눈이 이러한 빛을 다시 볼 것이라고 믿어 의심치 않는다.

『인도 · 네팔 · 티베트 기행』, 그 공감의 미학
– 장정혜의 골드 브레인과 시적 치유(healing)

엄 창 섭(관동대명예교수·국제펜클럽한국본부고문)

1. 생각의 속도와 생명의 통신

여행이라는 단어 앞에 '첫 입맞춤처럼 가슴 설렘 뒤의 낯선 환경, 풍물, 관습 등에서 비롯되는 불안 · 초조 · 두려움을 말끔 씻어내고 유창하고 막힘없이 써내려간 예감이 빛나는 기행작가이며 수필가인 장정혜의 『인도 · 네팔 · 티베트 기행』은 공감(共感)의 미학으로 분망한 일상에서 정신적 피폐함으로 고통 받는 현대인들에게 한번쯤 살아온 날을 뒤돌아보게 하는 역동성을 일깨워 가슴 떨리는 전율을 안겨 주기에 부족함이 없다. 인도 여행길의 대다수 이들은 뱅골 만에 근접한 해안도로가 햇빛 속에 선명한 불꽃같은 도시(都市) 첸나이를 대하면, 수줍은 산마을 아씨처럼 다소곳한 인상을 받을 것은 물론이거니와 "훅! 입김을 불면 다시 불꽃이 타오를 참나무 숯불" 같은 느낌을 체득하게 될 것이다.

이렇게 점멸하는 미망(迷妄)의 공간 속에서도 신은 존재하는 것일까? 조용히 사그러지는 저마다의 영혼에 새로운 불씨를 다시금 일깨워 줄 인도의 밤은 신비함 속에서 오랜 시간, 그 누구와의 눈부신 약속도 망각한 채, 장정혜의 기행물을 운명처럼 인연이 닿아 그렇게 기다리고 있었는지 모를 일이다. 세상의 끝자락 티베트인에게 불교는 종교가 아닌 일상의 삶이요, 오로지 신과 소통하는 불이(不離)의 길이기에 전생의 악업을 끊기 위한 기도와 고행은 운명적으로 결코 끝남이 허락되지 않는 것이다. 비록 고독한 나그네의 영혼에 바람도 끊인 적요(寂寥)의 밤, 거대한 신비의 성채(城砦)인 인도가 아무 것도 약속하지 않았을지라도 인도여행은 가슴으로 하여야 한다. 까닭은 정녕 인도여행은 경계의 문을 열고 그 현장에 가서 헤집고 보아야 고통을 통해 얻어지는 게 있기 때문이다.

건축학을 전공한 열정적인 수필가가 오랜만의 뜨거운 침묵을 깨고 생명의 원천을 찾아 떠난 의미심장한 '인도와 네팔, 티베트 여행기'를 화보와 함께 간행하여 비열한 이기주의로 인하여 깊은 영혼의 상처로 고통을 절감하는 이 시대의 우리에게 잔잔하고 신선한 감동을 충격적으로 안겨주고 있다. 뿐만 아니라, 모처럼 그만의 생각의 속도와 생명의 통신은 지극히 창조적이며, 평화롭고 생산적인 에너지를 발산하는 Golden Brain의 동력이 되고 마침내 시적 치유(healing)의 역할을 하기에 부족함이 없다.

비록 헤르만 헤세(박환덕 역)가 『인도기행』(범우사, 2006)을 통하여 “자기 자신에게로 향하는 하나의 길, 이러한 하나의 길을 찾으려는 시도, 그리고 하나의 작은 길의 암시”를 찾기 위하여 비록 문학적 운명을 걸지는 않았지만, 한 사람의 모성(母性)을 지닌 여성으로서의 섬세한 필치와 따뜻한 감성, 그리고 내면의 진지한 갈등과 고뇌를 통하여 진정한 개아(個我)를 발견하려고 끈질긴 시도를 펼쳐 보인 집념의 결과물은 실로 생산적이다. 그 같은 연고로 예술적 사상적 혈통을 창조적으로 이어받아 영혼의 순결성을 지키고 삶에 대한 성실성을 상실하지 아니한 그만의 남다른 열정과 주의집중이기에 한 사람의 충직하고 독자로서 문화의 지역구심주의를 맞아 새삼 글의 모두(冒頭)에서 뜨거운 찬사와 격려를 보내지 않을 수 없다.

지극히 보편적이고 상식적인 정황이지만, 기행문의 글감과 내용은 실로 다양하다. 물론 여행을 떠나기 전의 기대감이나 호기심부터 여행 과정과 여행지에서 보고, 듣고, 겪은 일을 비교적 순차적으로 기술하거나 또는 회고적으로 그렇게 보고, 듣고, 경험한 것에 대한 느낌이나 사유(思惟)를 형식적인 제약 없이 자유롭게 서술할 수 있다. 간혹 기행문은 자칫하면 ‘~에 가서~를 했다. ~에 가서 ~을 했다.’ 하는 일상적인 여행과정을 의식 없이 서술하는 과정이나 통로로 이해하는 오류를 범할 수도 있기에 기행문의 내용으로 쓸 수 있는 것들을 심도 있게 유념할 타당성을 지니는 것이다.

참고로 기행문에 쓸 수 있는 내용을 정형화하여 제시하기는 쉽지는 않지만, 일반적으로 기행문의 서술 내용이나 과정에는 첫째, 여행 전 사전에 준비하였거나 조사한 내용, 그리고 여행의 동기나 목적 등, 둘째, 여행의 여정은 기행문의 특성상 꼭 써야하는 내용이기에 여행 기간과 장소, 교통편, 그리고 여행경로, 날씨 상황 등은 아주 중요한 기행문의 요소이다. 그리고 셋째, 어디까지나 기행문의 핵심 사항은 여행지에서 보고, 듣고, 경험한 견문으로 유물이나 유적, 문화재, 기념물, 그 고장의 역사와 풍습, 토속음식, 주변 환경, 언어(사투리), 전설, 산업이나 특산물, 인상 등은 객관적으로 기록해야 할 사항들로 독자들에게 중요한 안내 정보로서의 매개가 되어야 하고, 넷째는 체험한 사실에 대한 생각과 느낌(감상)을 객관성을 유지하며 사실적 기술도 중요하지만, 정의적 영역에 대한 부분은 주관적인 생각으로 느낌과 감상을 자유롭게 서술할 필요가 있다.

특히 이 점에 있어 장정혜 수필가의 새로운 접근과 모색은 기행문의 특성을 살려 여행 과정에서 만났던 사람들에 대한 생각, 몸소 체험한 것에 대한 자신만의 독특한 느낌, 처음 세웠던 계획과 결과에 대한 분할과 통합이 명쾌하고 생동감 있게 보다 긍정적으로 채색되어 느낌, 냄새, 육성(肉聲)을 통한 문체는 비교적 그간의 인도 기행물과 차별성이 독자적이다. 그리고 또 하나는 여행 전에 준비했거나 여행 중에 얻게 된 차표, 입장 관람권, 안내지도 및 여러 자료들을 적절하게 배치하여 시각적인 효과와 사실적인 느낌을 다양하고 현장감 있게 기술한 필자의 능력은 더욱 돋보이고 빛나고 있다.

이처럼 저작물의 서문 격인 <말하라, 그대는 무엇을 보았는가>에서 기술하고 있듯이, 그 자신은 20代의 대부분을 길 위에서 보냈다. 그리고 집으로 돌아온 한동안, 나는 공책 위에 무질서하게 붙어있는 사진들을 보며, 여행 중의 메모와 스케치를 보며, 길 위에서 만난 사람들의 주소와 이름들을 보며 여행이 끝난 것을 객관적으로 무감각하게 받아들였다. 오랫동안 자리를 비운 사이 나의 안부를 궁금해 하던 친구들이 "인도는 어땠니?"하고 물을 때마다 말재간 없는 퉁명한 목소리도 '좋았어.'라는 단음절을 내뱉으며 웃을 뿐이다. 그건 여행이 아직 끝나지 않기를 소망했던 방어본능이었을까? 이제 돌아온 지도 한 달이 지난 시점에서, 다시 가슴이 아려오는 것을 느낀다. 그리하여 이제 누군가의 말을 기억하고 인용한다. "말하라, 그대는 무엇을 보았는가?" 보들레르의 물음 앞에 열정적으로 몸을 던지는 품격 높은 기행작가 장정혜를 만나는 것은 또 하나의 감동이며, 놀라움이다.

2. 서정의 영토와 감동의 회복

저서의 목차 <2. 그리고 나는 하늘을 날았다.>의 서술처럼 그렇게 기내(機內)는 어둡고 한산했다. 대부분의 승객이 인도인, 그리고 한국인. 한국에서는 눈 씻고 찾아봐도 눈에 안 띄던 인도사람이 이렇게 많이 있다니… 새삼 놀라움. 때마침 그 뒷자리에 앉은 인도인이 한국말이 유창해서 그들은 그 주제로 끊임없이 토론을 하고 있는 것이었다.

"인도에서 어디가 젤 좋아요?" "저희는 여행 루트가 이렇게 되거든요. 델리에서 며칠, 그 다음에 아그라, 바라나시, 부드가야…" 또 다시 흥미를 불러 모으기 위해 잇닿아진 <3. 호텔 스위트 드림>의 내용 중 일부를 옮겨보면, 우리와 함께 델리 시내까지 들어온 가야는 밤기차를 타고 부드가야로 가야한다고 했다. 기실 우리의 삶에 있어 특정한 누군가와의 만남은 운명적일 수도 있지만, 인도 여행길에서 배경지식으로 남아 그 자신이 가볍게 털어버릴 수 없는 존재가 <4. 지환과 창덕>이다. 카우보이모자를 쓴 지환과 금발머리의 창덕은 여러모로 보나 대조가 되었다. 지환은 부산에서 조각을 전공하고 지금은 방송국에서 아르바이트로 세트를 제작하고 있다고 했다. 창덕은 갓 20살로, 군대 가기 전 세상을 보고 싶어 첫 여행을 나왔다고 했다. 둘 다 혈기왕성한 부산 머시마들이었다.

여기서 그 자신이 <6. 아이 러브 인디아>에서 회상하듯, 델리에서의 마지막 밤이다. 낮에는 트래블 에이전시의 자비드가 우리들의 시내 관광을 도와주었고 저녁에는 함께 맥주도 마셨다. 창덕이 소시지를 권하자 집어먹다가 "그거 돼지고기로 만들었어." 그러니까 큰일난 것처럼 토하려고 야단이었다. 모두가 알고 있겠지만 무슬림에게 돼지고기는 쥐약이나 다름없다. 델리에서 스리나가르로 가는 <7. 이틀간의 버스 여행>은, 다소 멀고 험했다. 하기야 기차로 꼬박 달려도 5시간을 넘지 않는 작은 나라에서 온 나로서는 먼지 풀풀 날아오는 버스를 타고 48시간을 꼬박 간다는 것이 거의 믿어지지 않을 정도였다. 나에게 차를 권했던 압둘은 자기의 남동생 자비드도 이번에 스리나가르를 가니 불편한 점이 있으면 그에게 말하라고 했다. 하기야 말해서 고쳐질 성질의 것은 아니지만…. <8. 마운틴 몬타나>에서 장정혜 수필가는 이틀간의 여정 끝에 스리나가르에 도착했다.

잠시 날숨을 돌이킬 여유도 없이 <9. 스리나가르>에서, 그 자신은 스리나가르에서 3주를 개겼다. 유키의 기록을 돌파하진 못했지만(유키는 두 달간 개긴 뒤 인도를 봐야겠다며 용감하게 스리나가르를 탈출하여 바라나시, 아그라 등을 관광했지만 거센 인도인들의 등쌀에 환멸을 느끼고 다시 스리나가르의 따뜻한 품으로 돌아왔다. 지금은 일본 오사카에서 광고업을 하며 폼 나게 살고 있다) 나름대로 오래 장기체류를 한 셈이었다. 다소의 망설임과 주저함을 털어버리고 <10.

소넨마르그> 항목에서 서술되었듯 장정혜 자신에게 있어, 드디어 결전의 순간이 찾아왔다. 스리나가르의 마운틴 몬타나를 떠야한다. 그러나 자리나와 이 집 아줌마가 더 묵고 가라며 난리다. 그리고 이 집의 매니지먼트를 맡고 있는 라시드가 내가 나갈 낌새가 보이자 히말라야 트래킹에 대해 부쩍 말하기 시작했다. 세계 곳곳에서 온 여행객들이 히말라야의 설산과 호수를 배경으로 함빡 웃고 있는 사진… 여기는 천국이에요, 즐거웠어요…를 연발하는 방명록을 보여주며 니가 스리나가르에 왔으면 히말라야와 달 호수를 둘러보는 시카라(나룻배의 일종) 투어를 해야지, 그 진면목을 경험하는 거라고 자꾸 꼬드겼다.

<11. 별이 쏟아지는 밤>, 그야말로 히말라야의 밤은 아름다웠다. 희박한 공기를 뚫고 별이 쏟아지고 있었다. 마치 태평양에 서서 둥근 호를 그리는 바다의 수평선을 보듯이 그 자신은 히말라야 산맥의 골짜기에 누워 둥근 호를 그리는 별들의 지평선을 바라보았다. 초승달이 낫처럼 걸려있고 그 주위를 수많은 별들이 호위하고 있었다. 쌀쌀한 밤공기를 맞으며 그렇게 하염없이 하늘을 바라보았다. 특히 <13. 잠무로 가는 길>, 버스에서 외국인은 단 두 명뿐이었다. 나와 우연히 내 옆자리에 앉게 된 일본인, 노부. 이래저래 우리는 잠무로 가는 동안 이야기를 나누게 되었다. 흔히 <15. 다람살라>라고들 말하지만 티베트 망명정부가 둥지를 틀고 있는 곳은 다람살라에서 30

분정도 올라간 언덕배지의 땅 맥로드 간지이다. 다람살라에 오는 모든 관광객들은 무슨 코스처럼 달라이 라마와의 접견을 신청하는데, 한 몇 초 지나가며 <16. 태국에서 왔어요?> 서로가 악수를 하는 행위가 전부임에도 이 신성한 티베트의 수장은 이들 관광 순례객들의 마음에 큰 감동을 주곤 한다.

다시 도착한 <20. 더러운 델리>에서 작가는 자비드와 유끼의 안부를 묻기 위해 호텔 포튜나를 찾았다. 그러나 압둘로부터 자비드와 유끼는 아직 스리나가르에 있다는 소식만을 전해 들었을 뿐이다. 리쉬케쉬까지 가는 버스는 저녁에 출발하고 임씨 아저씨마저 전에 알던 한국 유학생 집에 잠깐 들렸다 오겠다고 했으니 하릴없이 오후 시간이 붕 떠버린 셈이었다. 또한 <22. 밤은 천개의 눈을 가지고 있다>에서 꿀벌이 서로 다른 나무들의 정수를 모아 그것을 하나로 합침 하거나 한 마리의 벌꿀이 3,6백송이의 꽃에서 한 방울의 꿀을 만들어내지만, '나는 이 나무의 정수다.'라든지 '나는 저 나무의 정수다.'라고 구별해서는 안 된다. 더욱이 여기 있는 온갖 생물들은 스스로 존재하고 있음에도 불구하고, 자신들이 존재에 이르렀다는 사실을 모르고 있다.(우타니샤드) 중에서.

일찍이 윌리엄 헨리가 '나는 내 영혼의 선장이며, 내 인생의 주인이다.'라고 역설하였듯이 삶의 역경에서도 쉽사리 추구하는 바를 포기하거나 단념하지 않고, 평소 생명의 존엄성을 소중하게 인식하고 있는 그만의 여정(旅情)은 도로(徒勞)의 휴식을 허락하지 아니한다. 그 같은 연고로 <27. 아메다바드>에서의 길 찾기는 1월 26일, 인도 구자라트 지방을 강타한 강도 7.9도의 지진으로 구자라트 주의 중심 상업도시 아메다바드도 많은 타격을 입었다. 그러나 8월말, 내가 보았던 아메다바드는 회교 사원이 곳곳에 서 있고, 여자들도 머플러로 입을 막은 채 오토바이를 타고 다니는 활기차고 복잡한 도시였다.

잠시 바람보다 빠르게 질주하는 여행 중에 호흡을 가다듬고 <33. 라닥 여자들은 섹시해>에 이르면, "라닥? 라닥엘 왜 갈려구? 거긴 달세계야." 고원지대의 그 곳은 풀 한포기 자라기도 버거울 듯한 황량한 돌산들이었다. 그리고 그 황량함은 희박한 공기 속에서 더욱 짙푸름을 자랑하는 하늘과 어울려 한 폭의 그림 같았다. <38. 카트만두로> 향한 꿈의 날개를 꺾지 않았다. 창밖으로 본 카트만두는 갈색조의 낮은 콘크리트 건물로 덮여 있었다....<생략>...홍콩에서 어처구니없는 사건으로 거액의 여행경비와 여권, 카드 등등이 날아가서 며칠간 우울증에 홧증까지 겹쳤지만 돈보다 더 아까운 것은 지난 4년간의 여행기록들을 고스란히 보관하고 있는 여권이었다. 거기에는 두 번의 남미여행을 비롯하여 2000년 6월부터 2001년 2월까지 티베트, 인도, 네팔, 태국, 캄보디아, 베트남, 중국에 걸친 대장정의 스탬프가 찍혀 있었다.

이처럼 아직은 끝나지 않은 장정혜 수필가의 힘겹고 고된 여정은

<40. 미스터 나라얀>, <41. 좋았던 네팔은 이제 사라졌어>, <42. 하리 아저씨>에 대한 에피소드와 단편적인 회상을 걸쳐 <43. 티베트로 가는 길>을 차근차근 채근하여 삶의 일상을 풋풋하고 흥미롭게 엮어내고 있다. '저녁에 스몰스타를 갔더니 파상셀파가 자기도 1년 전에 티베트에 갔다면서 국경지대에 티베트로 넘어가는 버스가 있다고 했다. 그러나 몹시 불편하고 중간에 트럭으로 히치하이크를 해야 하는데 장난이 아니라고….' 한편, 세 번째 여장을 푼 <47. 강체>는 티베트에서 세 번째로 큰 도시였다. 그러나 중국에 복속되면서 네팔, 부탄, 시킴을 이어주는 교통의 요지로서의 장점이 퇴색하고 중국 사천성과 경계를 마주하고 있는 동부지방들이 발전함에 따라 예전처럼 번영을 누리지는 못하고 있는 것 같았다. 그러나 샤카파의 한 계파였던 강체의 왕국이 있었던 주도답게 고풍스러운 자취들이 남아 있었다.

3. 창조하는 영혼의 힘

감성이 빛나는 수필가로서 뛰어난 식견을 지닌 장정혜 여행가의 기행문에 심취하다, 법정(法頂) 스님이 『인도 기행』(샘터사, 2006)에서 "우리는 날마다 죽으면서 다시 태어나야 한다. 만일 죽음이 없다면 삶 또한 무의미해질 것이다. 삶의 배후에 죽음이 받쳐 주고 있기 때문에 삶이 빛날 수도 있다. 삶과 죽음은 낮과 밤처럼 서로 상관관계를 갖는다."를 곱씹어 보노라면, '새벽은 하루의 시작이 아니라, 어제의 연장이며 계속되는 한 장(場)이다. 꼬불꼬불한 시장 뒷골목은 발 가는 대로 헤매 다니면 어느 새 하늘빛은 열어질 것이다. 소가 어슬렁거리는 막다른 골목을 다시 돌아 나오면 새로운 변화로 아름답게 채색된 인생의 정신풍경은 또 다른 변주(變奏)를 위해 바람보다 더 빠르게 질주한다.

또다시 <48. 라사>, <49. 타라자>로 이어지는 여정 끝에 <50. 티베트의 장례풍속>과 <51. 티베트 사자의 서>를 통해 잠시 삶의 본질에 대한 사유의 꼬인 실타래를 풀어내는 "아르주나여, 그대와 나는 지금까지 많은 생을 살아왔다. 나는 그 모든 생을 기억하지만 그대는 기억하지 못하는 구나.(바그다드 기타 중 크리슈나의 기억)"라며 긴장감을 넌지시 던져 호흡명상의 순간마저 잠언으로 일깨워 주기도 한다. 그렇다. 장정혜 자신이 <52. 카일라쉬로 가는 길(라체)>을 숨 가쁘게 달려오면서, 잠시 틈새를 노려 정신풍경을 아름답게 채색한 <55. 다르첸>은 티베트의 여느 시골마을이나 별다를 게 없었다. 마니차가 있는 마을 어귀의 작은 사원, 옹기종기 모여 있는 흙집들, 그리고 삼삼오오 모여 뜨개질을 하고 있는 티베트 아낙들의 조금은 여유로운 조망(眺望)이다.

이와 같이 여행자가 <56. 카일라쉬>에서 만남 첫째 날의 기억 흔적은, 간밤부터 부슬부슬 내리던 비가 아침까지 이어진다. 8월이라 한창 여름이지만 고지대의 밤이면 만만찮은 추위가 엄습해와 나는 숙소의 이불 밑으로 자꾸 웅크려들고 있었다. 어제는 밤새 초를 켜 놓고 알리에서 만나 함께 오게 된 경혜와 애경, 그리고 S와 담소를 나누었다. 둘째 날의 기억 편린(片鱗)은, 카일라쉬 순례는 약 3일로 이루어져있다. 물론 체력 좋은 티베트인들은 새벽에 출발해 저녁 무렵이면 코라를 가뿐히 다 돈다고 하지만….

한편 다시 잇닿아지고 있는 <58. 카일라쉬(셋째 날)>의 기록은, 오늘은 카일라쉬 코라의 하이라이트라는 돌라마 패스(5630미터)를 넘는 날이다. 이제까지의 코스가 평탄한 편이었다면 오늘은 본격적으로 등반을 각오해야 하는 날. 카메라 장비를 멘 탓인지 평소의 운동 부족인지 발걸음이 자꾸만 느려진다. S가 계속 펭귄이라고 놀리는데도 불구하고 5분정도 걷다 쉬고 하는 것을 반복한다. 같은 경사도의 산행이라고 해도 이곳은 나무가 거의 없어서 산소가 희박하다.

혼돈의 시대를 살아가는 동반자로서 다가오는 즉물적 현상을 따뜻한 시선으로 응시하는 '조금은 천천히'라는 느림의 시학을 다시금 공감하면, 다행스럽게도 삶의 일상에서 잔잔한 감동을 회복시켜주는 영혼이 자유로운 감성의 소유자로서, 지극히 서정적 미감이 감미로운 장정혜의 <60. 여행기를 마치며>와 끝내 결별을 고하게 될 것이다. 까닭에 이 글의 말미에 그 자신의 진지한 자서(自敍)를 옮겨 공허한 변론보다 “굿 바이, 인디아!”로 아쉬움을 뒤로하고 “우리가 헛되이 보낸 오늘은 앞서간 그들이 그토록 소망하던 내일이었다.”는 소포클레스의 지론을 제시하며, 그 결론으로 가늠하기로 한다.

“2월이 오기 전에 여행기를 다 정리하려고 했는데 부득이 시간을 끌게 되었다. 아무리 쓰려고 해도 글이 쓰여 지지 않았다. 그래서인지 억지로 쓴 카일라쉬 여행기는 쓰고 나서도 다소 산만한 느낌이다. 그러나 그것을 수정할 여력이 아직은 없다. 모든 글을 풀어놓고 모든 상념을 비워두고 싶을 뿐. 2000년과 2001년 인도와 네팔, 티베트에 걸친 여행을 어떻게 해서든지 정리해야 한다는 생각에 처음 펜을 들었었다. 훗날 다시 이 미숙한 글들과 사진들로 인해 좌충우돌의 시절을 회고하는 단서가 되길 빌며. 그러나 분명한 것은 이십대의 마지막과 21세기의 처음을 뚫고 간 이 시간들을 내 인생의 어떤 순간보다 사랑한다는 것이다. 참, 그리고 한 달 전 인도 리쉬케쉬에서 만난 요가 선생님 라데로부터 연락이 왔다. 그는 지금 프랑스 파리에 있다고 한다. 그를 방문한 유럽인 제자의 도움으로 개안수술을 받았으며 이제 그 결과를 기다리고 있는 중이라고 했다. 인생은 놀라운 기적으로 이루어져 있다. 라데의 눈이 빛을 다시 볼 것이라고 믿어 의심치 않는다.”

길 위에서 만나다

인쇄 2011년 7월 18일
발행 2011년 7월 30일

지은이 / 장 정 혜
펴낸이 / 김 창 석
펴낸곳 / 홍익출판사

주소 / 대구시 중구 삼덕3가 245-2
전화 / 053) 421-6700, 427-3627
팩스 / 053) 423-5965
등록번호 / 1987년 11월 26일 제1-107호
E-mail / hongick88@hanmail.net

정가 12,000원

ISBN 978-89-7826-227-9 03810